AGORA TUDO
É tabu?

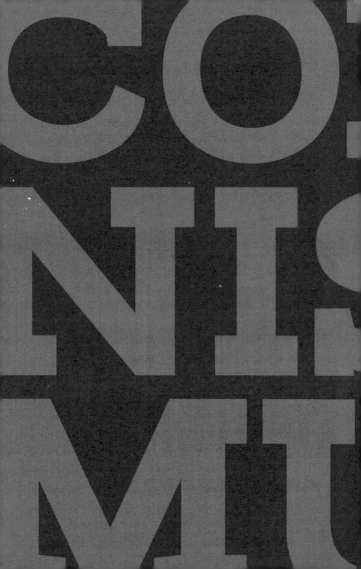

QoT

AGORA TUDO É
COMUNISMO?

Copyright © 2023 QoT

Este livro foi elaborado pela Astral Cultural em parceria com o QoT. Todos os direitos reservados à Astral Cultural e protegidos pela Lei 9.610, de 19.2.1998.

Editora Natália Ortega   **Editora de arte** Tâmizi Ribeiro
Edição de texto Letícia Nakamura
Produção editorial Ana Laura Padovan, Andressa Ciniciato Brendha Rodrigues e Esther Ferreira
Revisão Carlos César da Silva, Fernanda Costa e Rodrigo Lima
Revisão técnica Leon Denis Moreira Filho, doutor em filosofia pela Universidade Federal do Rio de Janeiro (UFRJ)
Capa e projeto gráfico Nine editorial

Dados Internacionais de Catalogação na Publicação (CIP)
Angélica Ilacqua CRB-8/7057

Q36a	QoT
	Agora tudo é comunismo? / QoT. — Bauru, SP : Astral Cultural, 2023.
	176 p. (Coleção Agora tudo é)
	ISBN 978-65-5566-330-3
	1. Comunismo 2. Ciências sociais I. Título II. Série

23-6016	CDD 320.532

Índice para catálogo sistemático:
1. Comunismo

BAURU
Rua Joaquim Anacleto
Bueno, 1-20
Jardim Contorno
CEP: 17047-281
Telefone: (14) 3879-3877

SÃO PAULO
Rua Augusta, 101
Sala 1812, 18º andar
Consolação
CEP: 01305-000
Telefone: (11) 3048-2900

E-mail: contato@astralcultural.com.br

AGORA TUDO É COMUNISMO?

Não, muito pelo contrário. Mas essa palavra acabou virando sinônimo de qualquer mudança incômoda nas estruturas de poder.

PREFÁCIO

Diz o ditado popular que "conversando a gente se entende". No Brasil dos últimos anos, não faltam falsas polêmicas, mentiras (agora chamadas de "fake news"), negacionismo e confusão em relação a categorias clássicas da política. Uma das maiores vítimas das confusões, mentiras e distorções na conjuntura brasileira é a ideia de comunismo. No Brasil de hoje, basta tomar vacinas e considerar que a Terra é redonda para ser chamado de comunista. Precisamos conversar e debater muito sobre o que é comunismo para colocar racionalidade nesse debate.

Nos últimos anos, especialmente entre a juventude do país, temos uma renovação do interesse pelo o que é comunismo — e um relativo crescimento do marxismo, antes restrito às universidades públicas e em posição minoritária. Esse interesse se reflete no mercado editorial. Tivemos recentemente novas publicações de autores que se propõem a fazer um balanço renovado sobre as experiências socialistas do século XX, o marxismo e a história do movimento comunista — autores como Domenico Losurdo[1], Michael Parenti[2], Wendy Goldman[3], Roger Keeran e Thomas Kenny[4]. Vale destacar também uma nova safra de publicações de autores clássicos, como V. I. Lênin[5].

As pesquisas e publicações sobre o comunismo no Brasil atual também oferecem maior destaque para temas antes sem tanta visibilidade, como a luta antirracista e anticolonial[6] e experiências como as do Partido

Político dos Panteras Negras`nos Estados Unidos[7]. Todo esse movimento, até certo ponto, é uma resposta à extrema-direita, que usa o anticomunismo como uma arma de pânico moral e legitimação de suas pautas conservadoras e antipopulares. Contudo, parece evidente que essa resposta, até esse momento, não teve capacidade de vencer a guerra cultural da extrema direita.

Precisamos de mais debates, publicações, racionalidade, diálogo e compreensão histórica. Por esse motivo, louvo a publicação do livro *Agora tudo é comunismo?*. Creio que, na situação brasileira, a questão está para além de concordar ou discordar da obra que você, leitor, tem em mãos. O ponto central é destacar como este livro didático, acessível e de fácil leitura, busca fazer um debate racional, com argumentos, sentido lógico e reconstrução histórica, sobre o que é comunismo. A partir deste prisma, podemos concordar, discordar, debater, falar de temas que ficaram de fora da obra (como a história do movimento comunista na África e a luta contra o colonialismo) ou criticar as opções teóricas e metodológicas.

A extrema-direita navega confortável no campo do irracionalismo e dos falsos debates. É preciso escolher o nosso campo de jogo. Tirar a batalha das ideias e a política brasileira da esfera do surreal e do bizarro, e devolvê-las para o debate racional, com ideias, argumentos e rigor científico. O livro que você tem em mãos faz essa opção: decide jogar no campo da racionalidade. O Brasil precisa de razão como um corpo precisa de oxigênio. Sem isso — e outros fatores que não cabe debater neste prefácio — seremos mortos pela besta fascista (tanto em sentido metafórico, quanto literal).

Um poeta disse que na luta de classes, todas as armas são boas — pedras, noites e poemas. Acrescento: pedras, noites, poemas, razão e outras coisas mais.

Boa leitura!

Jones Manoel,
educador e comunicador popular,
professor, negro, comunista
e um lutador pela Revolução Brasileira.

SUMÁRIO

AGORA TUDO QUE É VERMELHO É COMUNISTA? 15

POR DENTRO DAS REVOLUÇÕES 51

O BRASIL E O COMUNISMO 105

O CAPITALISMO VENCEU? 135

1

AGORA TUDO QUE É VERMELHO É COMUNISTA?

ocê provavelmente já escutou muitas vezes alguém proclamando a frase: "Nossa bandeira nunca será vermelha", e também já deve ter percebido que essa frase não tem nada a ver com a preferência pelas cores verde e amarelo da nossa bandeira. Até porque, se fosse só uma questão estética, provavelmente não existiria tamanha antipatia, medo ou até mesmo ódio dessa cor.

Esses sentimentos apaixonados são direcionados a um grupo e dão pista de qual é o objeto do temor: a frase é uma metáfora que declara o desejo de que o Brasil jamais seja um país comunista. Um aviso nítido de que essas tais "ideias vermelhas" não vão entrar e se propagar aqui. Mas a verdade é que ninguém pode sair satisfeito de uma discussão a respeito de uma suposta ameaça comunista quando ela se dá de maneira tão superficial. Isso sem contar as situações em que a intimidação vem acompanhada de todo um imaginário paranoico.

Se alguém diz que "comunistas comem criancinhas e querem destruir a família", isso faz com que a conversa deixe de ser interessante e produtiva. Afinal, por qual razão alguém inventaria um partido político com um objetivo desses? É só pensar bem para perceber que não faz sentido algum. Assim, o tal do comunismo vira uma espécie de mito — passamos a ignorar aquilo que o termo realmente significa e o que querem seus defensores. Aquela velha história de "o que fazem?", "o que comem?", "onde vivem?".

Temos um grande impasse: se os comunistas representam de verdade um perigo potencial tão grande, por que é que são tão pouco conhecidos? Da mesma forma que os caçadores de bruxas de séculos atrás se recusavam a conceituar com precisão o que era bruxaria, alguns dos perseguidores mais entusiasmados do comunismo falham na hora de explicar o que é comunismo e de demonstrar qual é a natureza da ameaça que ele representa.

Com tanta falta de nitidez, qualquer mulher pode ser bruxa e qualquer figura pública pode ser comunista. De Geraldo Vandré a Geraldo Alckmin, de Pabllo Vittar a Pablo Picasso — todas essas pessoas já foram tachadas de comunistas. Ao fazê-lo, tais perseguidores tornam o debate raso porque descrevem uma ideia de comunismo que pode ser praticamente qualquer coisa. E a verdade é que não é um desafio gigantesco saber distinguir as definições importantes para a nossa vida e vale a pena gastar um pouco de tempo aprendendo para fazer isso.

Aliás, existem várias boas razões para destrinchar esse conceito que interessa tanta gente. Uma delas é a quantidade de informações que se pode aprender ao estudar sobre esse tema. É crucial saber com quem concordamos ou discordamos — e também com quem é possível se aliar, apesar da discordância, na hora de lutar por nossos direitos. Afinal, existe certa tendência de determinados grupos políticos de acusar de comunista toda oposição simplesmente para evitar qualquer conversa sobre direitos humanos, direitos da população LGBTQIAPN+, racismo, laicidade do Estado ou distribuição de renda. Você diria que é necessário ser comunista para concordar com qualquer uma dessas pautas?

Além disso, entender o que é comunismo significa acessar uma perspectiva crítica em relação ao sistema econômico capitalista — e pensamento crítico é sempre útil, mesmo para quem gosta do sistema em que vive e só está interessado em melhorá-lo. Quanto mais conhecimentos sobre a forma como a nossa sociedade se organiza tivermos, melhor a entenderemos.

Ainda não se convenceu de por que vale a pena entender melhor o comunismo? Aqui vai mais um motivo: se algo pode ser usado em tom de acusação contra você, é bom saber como se defender disso — e, hoje em dia, sempre existe a possibilidade de aparecer alguém lhe chamando de comunista por causa de alguma ideia que você defende. Será que é verdade? Será que você é um comunista?

Ter noção do seu posicionamento e de como ele se encaixa dentro do contexto político em geral é superimportante, em especial quando os ânimos estão muito aquecidos e estamos prestes a lançar pessoas em fogueiras, ainda que metafóricas. Em tais momentos, é melhor parar e entender a razão pela qual elas vão queimar e se precisam queimar de fato. Sem contar que é necessário ter algum critério para decidir quem entra na fila (ou se deve existir uma fila para isso).

Conceito e não definições

Podemos começar com um conceito muito básico: o comunismo é uma organização política, social e econômica igualitária, sem Estado ou classes sociais, alcançada a partir de um processo revolucionário. Uma sociedade comunista não pode ter Estado, desigualdade ou hierarquias sociais (sejam elas quais forem).

O que isso significa? Em primeiro lugar, que, como você pode perceber, não se parece com nenhum regime que conhecemos, incluindo os diversos regimes socialistas que existem e existiram em nosso mundo. Porém, essa informação por si só não é muito útil. Portanto, vale a pena invertermos a lógica: vamos definir por eliminação o que é esse bicho de sete cabeças, apontando justamente aquilo que não é comunista.

1. Não é comunista qualquer regime que conserve as estruturas sociais e hierárquicas.

Isso vale para lugares com classes rígidas, como países que tenham nobreza ou sistemas de castas, mas também vale para outros tipos de sistema, nos quais o poder político dominante se apoia em qualquer tipo de exclusão de grupos sociais.

Um exemplo fácil de reconhecer são os Estados fascistas que, de forma perversa, utilizam-se das diferenças (que não devemos confundir com desigualdades) para criar ódio e medo, mantendo, assim, a rigidez de estruturas sociais hierárquicas eleitas como "tradicionais". Esse é um dos motivos de o fascismo e o comunismo serem correntes políticas tão antagônicas entre si. O comunismo se opõe em absoluto à ideia de manter tradições ou hierarquias (o que gera muitas críticas, inclusive), enquanto o fascismo é tradicionalista e defende hierarquias sociais com base, inclusive, em raça, etnia e religião — ou seja, são visões incompatíveis.

Certamente que não são apenas regimes fascistas que valorizam as suas tradições e hierarquias sociais, longe disso — quase todos os países e organizações políticas se valem das ferramentas em questão para estabilizar suas relações de poder. Isso vale para monarquias, repúblicas ou ditaduras. A exclusão social de um grupo pode, inclusive, ocorrer por causa do próprio sistema econômico e se acomodar em vários tipos de governo.

2. Não é comunista um lugar onde exista nacionalismo.

Isso ocorre porque o comunismo é internacionalista. De forma geral, a identidade e a valorização de uma nacionalidade em relação às outras, a vontade de distinção e o isolamento cultural são ideias incompatíveis com o comunismo, que busca uma sociedade sem a necessidade de barreiras nacionais.

Vamos observar alguns exemplos, começando com um bastante extremo: a Alemanha nazista, que foi a grande vitrine do ultranacionalismo no século passado. Lá, tudo girava em torno do povo alemão, suas tradições, sua raça e, sem dúvida, do Terceiro Reich que se imporia sobre as nações consideradas mais fracas. Assim, percebemos o quanto o nacionalismo era absolutamente central para essa sociedade.

Agora vamos para outro exemplo: a França, um país pioneiro em nacionalismo. Nos tempos de Napoleão, a bandeira da França foi imposta sobre a Europa — em um período em que já havia uma tradição colonialista. O país explorou diversas colônias na Ásia, na África e nas Américas, tendo como consequência desde a exploração econômica completa ao genocídio de incontáveis povos em nome da nação. Hoje em dia, é um país mais pacato, mas a xenofobia e as crises de imigração continuam sendo combustível de debates fervorosos por lá.

Se, por um lado, é um país cujo discurso oficial leva a sério questões como igualdade e direitos humanos, por outro, está no interesse de muita gente defender aquilo que eles entendem por identidade nacional — dentro e fora do governo, sejam corporações, intelectuais ou políticos. Está no imaginário francês o fato de haver uma necessidade, nem que seja econômica, de se proteger daquilo que é estrangeiro e se diferenciar dele de alguma forma. A ideia de que já não há espaço para todos é muito presente.

Segundo boa parte da ala nacionalista da política francesa, quem defende acolhimento de refugiados hoje em dia é comunista. Pelo fato de o comunismo ser antinacionalista, todas as ideias que fujam do escopo nacionalista passam a ser tachadas de comunistas para, assim, inviabilizar qualquer mudança nesse sentido. Mas é um tanto quanto injusto com a pauta, que tem apoio de muitas frentes ideológicas.

Essa estratégia de chamar de "comunista" os opositores políticos visa minar a discussão e não está restrita à pauta da imigração — e também não acontece só na França. Como já dissemos, quaisquer preocupações com direitos humanos, com a população negra e LGBTQIAPN+, povos originários, laicidade do

Estado ou distribuição de renda podem ser distorcidas de maneira que pareçam com uma agenda conspiratória, mas nenhuma dessas preocupações é exclusiva do comunismo — e nem deveriam ser.

Aliás, muitas das mais graves acusações feitas a regimes supostamente comunistas estão ligadas ao desrespeito e à negligência com relação aos direitos humanos, não é verdade? Alegar, portanto, que aqueles que lutam por direitos humanos sejam, simplesmente por esse motivo, comunistas, é uma posição um tanto contraditória.

3. Não é comunista um regime no qual existam grupos privilegiados.

A ideia é que a opressão entre grupos não existe, seja no aspecto econômico, político ou sociocultural. Se existem, dentro de uma sociedade, estruturas que mantêm algum grupo na marginalidade, essa não é uma sociedade que está de acordo com os preceitos do comunismo — mesmo que seus líderes digam o contrário. Vale lembrar que essa também não é uma vontade exclusiva dessa ideologia.

Tomemos como exemplo os Estados Unidos da América. Sua Constituição, de filosofia liberal, é a mesma desde 1787, mas o que ela engloba, o que significa e como é interpretada mudou muito ao longo do tempo. Por exemplo, até o ano de 1964 era permitida a segregação racial, o que tornava lícito e aceitável cometer qualquer tipo de exclusão social com base na cor da pele de alguém — mais ou menos da mesma forma que ocorreu no regime do apartheid na África do Sul.

Nos EUA, na época das revoltas por direitos civis dos anos 1960, diversos grupos marcaram presença e incontáveis pessoas protestaram contra a segregação racial. Em meio a esses coletivos, existiam grupos simpatizantes do comunismo (como os Panteras Negras) e isso fez com que muita gente associasse a luta antirracista ao comunismo. Mas, na realidade, a imensa maioria das pessoas estava lá protestando por sofrer ou por ser contra a discriminação racial, não por ser comunista.

As pessoas se envolvem com a causa antirracista, bem como outras causas, por acreditar que essa relação de abuso não deve existir. O antirracismo é o tipo de luta que deve ser compatível com qualquer sociedade que pretenda ser justa, o que significa que opor-se à existência desse tipo de violência que é o racismo, ou participar ativamente da luta por mudança, não faz de você um comunista. Defender a igualdade de direitos pode até parecer uma ideia revolucionária, mas não é objeto apenas de revolucionários, e isso vale para questões a respeito de distribuição mais equitativa de riqueza e de terra, defesa dos direitos de povos originários, e defesa contra o preconceito religioso ou de gênero.

4. Não é comunista um lugar onde exista propriedade privada dos meios de produção.

Em contrapartida, a sociedade capitalista em que vivemos pode ser definida de maneira resumida como justamente aquela em que a propriedade privada (não apenas dos meios de produção) é assegurada por lei e moralmente desejável.

Porém, a explicação por trás desse conceito não é das mais simples — o desafio aqui, na realidade, é entender o vocabulário usado pelos comunistas. Por exemplo, precisamos saber o que significa a expressão "meios de produção", para compreender a oposição que eles fazem à ideia de pessoas individuais controlando esses meios.

Os meios de produção são o conjunto dos elementos materiais que torna possível a criação de um produto. Se pensarmos na produção de biscoitos, por exemplo, incluiríamos nesses meios de produção tanto a matéria-prima (o trigo, por exemplo), bem como as ferramentas industriais necessárias para transformá-la no produto final.

Segundo a ótica comunista, uma vez que uma pessoa ou um pequeno grupo de pessoas tem posse exclusiva desses meios de produção, passa a existir uma situação de exploração daqueles que não são donos de nada além da própria força de trabalho, por parte daqueles que monopolizam os meios de produção de bens; aqueles que vendem sua força de trabalho (a chamada classe trabalhadora) e aqueles que a compram. Partindo desse ponto, resta entender como funcionaria tal exploração.

Imaginemos o seguinte cenário: um único dono possui uma rede de fábricas, e em cada fábrica há pessoas trabalhando para ele. Quando essas pessoas fabricam um produto e a empresa o vende, o valor (que é diferente de preço, sendo preço a expressão desse valor em uma determinada moeda) desse produto advém do trabalho que as pessoas responsáveis pela sua produção dispensaram nesse processo.

Afinal, sem esse trabalho, não existiria o produto. Simplificando, trabalho é a ação que produz valor de uso, um processo capaz de transformar, por exemplo, a árvore em cadeira, livro, lápis — coisas que têm valor porque são úteis para a vida de algum modo.

Mas, sob o olhar de um comunista, se um produto dessa empresa tem valor é porque seus funcionários trabalharam nele, de tal forma que o valor do produto é maior do que o seu custo, justamente porque o trabalho realizado sobre os materiais de custo transmutou-se em valor. O dono da fábrica, por deter a propriedade privada dos meios que produziram aquele produto, tem acesso ao que foi criado de valor.

Quando existe lucro (e o lucro precisa existir para sustentar o sistema capitalista), significa que a empresa cobriu o custo necessário dos materiais, infraestrutura e salários. Como consequência, o dono — mesmo que ele mesmo não tenha despendido sua força de trabalho sobre o produto — ganha parte (muitas vezes a maior parte) do valor produzido pelo trabalho dos outros.

O resultado disso é que os funcionários venderam a sua força de trabalho, mas não têm acesso ao seu valor. Aliás, normalmente só tem acesso a fragmentos, de tal forma que os próprios funcionários muitas vezes sequer conseguem comprar com seus salários aquilo que eles mesmos fizeram.

A exploração é um bom negócio, especialmente em países nos quais os trabalhadores são expostos a condições desumanas de trabalho, pois o valor que o trabalhador produz pode ser imenso, de forma que normalmente supera, em muito, o quanto retorna em salário. Essa é, de modo muito simplificado, o chamado "mais valor", ou mais-valia.

Isso significa basicamente que, para um comunista, a exploração não está ligada a situações individuais ou mesmo à conduta das pessoas. A exploração não é resultado apenas de um chefe cruel ou mão de vaca, não é mero problema de gestão ou má vontade.

A questão é que, para eles, a modalidade básica das relações de trabalho no sistema capitalista, cujo objetivo final é o lucro, é a exploração de uma classe pela outra. Seguindo essa linha de raciocínio, o objetivo da classe dominante (a chamada classe burguesa) deve ser explorar, por meio desse mecanismo da mais-valia, a classe trabalhadora em busca de lucro. Para um comunista, se existir proprie-dade privada dos meios de produção, até mesmo o Estado vai servir ao interesse dos donos dos meios de produção, direcionando, por exemplo, recursos de forma a beneficiar as necessidades deste grupo.

Sob esse aspecto, mesmo que você esteja ganhando bem e completamente satisfeito com a sua vida, ainda estaria sendo explorado, pois é o resultado inerente da propriedade privada dos meios de produção. Contrária por definição a qualquer tipo de relação desigual de poder, uma sociedade comunista deve abolir esse tipo de propriedade, sem que isso signifique o fim de objetos pessoais. Objetos pessoais existiriam dentro do comunismo — os comunistas não querem roubar seu carro popular 1.0, chamar uma família para morar com você, proibi-lo de ter um smartphone ou se apropriar do seu pet para fazer sopa, ao contrário do que se diz por aí.

Isso tudo significa que, se onde você vive existe propriedade privada dos meios de produção, grandes empresas e bilionários, você certamente não está nem perto de viver em um regime comunista, ainda que estejamos em um regime cujo o Estado cobre altos impostos, seja dono de empresas e fomentador de políticas de proteção social. Isso tudo é uma breve simplificação desses conceitos e do debate que existe acerca do tema, mas é o mínimo para entender a base do tipo de relação econômica que o comunismo pretende superar.

5. Não é comunista qualquer sociedade regida por um Estado.

Afinal, o objetivo do comunismo é criar uma sociedade em que o Estado seja obsoleto. Por isso aqueles países citados nas críticas, comumente superficiais, à ideia vaga de comunismo — como Cuba, China e Coreia do Norte — não se tratam, enfim, de Estados comunistas. São Estados que, por meio de movimentos e partidos revolucionários, tomaram os meios de produção da burguesia —, mas ainda assim não são países comunistas.

6. Poxa, então nada é comunismo?

Essa é uma excelente pergunta e a resposta é fundamental para entender o que são esses países chamados de comunistas. Nunca existiu uma experiência real de sociedade comunista.

Então, o que são esses países em que o Estado detém os meios de produção? São países socialistas, do tipo que encontra a sua origem nas ideias e críticas feitas por Karl

Agora tudo é comunismo?

Marx, Engels e outros autores comunistas que se apropriaram e passaram a usar de forma cada vez mais livre o termo "socialismo". No entanto, essa leitura marxista não é a única abordagem socialista que existe, além de não ter sido a primeira. Socialismo não é sinônimo de comunismo e isso gera bastante confusão, que é possível de ser resolvida apenas observando a História.

O socialismo surge na segunda metade do século XVIII e começa com ares dignos de ficção científica, pois se referia às ideias de pensadores que imaginavam mundos perfeitos para orientar o desenvolvimento de sua sociedade. Era uma filosofia de construção de utopias, de "não lugares", de ideias que inspirassem a construção de futuros melhores para a sociedade, que já na época sofria com as violências do capitalismo.

Ouvimos com frequência aqueles mesmos críticos chamarem de comunistas as pessoas que tentam imaginar, ou "idealizar", um mundo melhor. Essa conversa tem sua origem na postura filosófica dos primeiros socialistas — não é de se estranhar que o estereótipo tenha pegado.

O interessante é que essa é uma grande ironia do destino, do tipo que deve fazer Marx e Engels se revirarem no túmulo. Isso porque o comunismo surge exatamente de uma crítica radical deles ao socialismo e ao Idealismo Alemão em geral. Para os autores, um pensamento capaz de efetuar mudanças reais no mundo deveria, ao contrário do idealismo, concentrar-se na realidade material da vida.

Mas o que é ser idealista e qual o problema do idealismo? Para explicar, é necessário retomar uma antiga disputa da filosofia. Na Europa, da antiga Grécia em diante, a filosofia era baseada no conceito da "metafísica", um método que acredita que apenas fora do mundo "físico" é possível encontrar as ferramentas para se entender a realidade. Cria-se ideias e razões na própria cabeça e as usa para decifrar o mundo material. No caso da filosofia de Platão, por exemplo, é o conceito de "mundo das ideias" se opondo ao "mundo material". Nesse contexto, as ideias e a realidade são tratadas de forma separada, já que ideias são eternas e perfeitas, enquanto a realidade material é imperfeita e mutável.

Ainda na Grécia, mas um pouco antes de Platão, o filósofo Heráclito tinha outra forma de entender o mundo, a chamada "dialética". Para ele, a realidade deveria ser entendida por meio de forças opostas que existem em conflito, mas que são dependentes entre si. Isso significa que a vida, por exemplo, só pode existir se também existir a morte — são coisas opostas, mas necessárias uma à existência da outra. Repare como as características opostas e em conflito definem esses conceitos, e como elas não fazem sentido se isoladas.

Mas entre dialética e metafísica, a segunda ganhou o gosto popular e se manteve forte até o mundo cristão. Então, em meados de 1800, o filósofo Hegel resolveu retomar o pensamento dialético em sua filosofia como uma forma de criticar a tal da metafísica. Para ele, achar que as ideias são coisas fixas e isoladas era muito simplista e ilógico. Em sua percepção, a realidade ainda era uma manifestação das ideias, mas ele foi além

Agora tudo é comunismo?

e desenvolveu uma teoria sobre como as contradições entre ideias movimentam a realidade.

Muita gente apoiou a sua teoria e Hegel se transformou em um grande nome para o Idealismo Alemão. Chegou até mesmo a ter uma espécie de fã-clube: um grupo de pensadores socialistas vidrados em suas ideias chamados "Jovens Hegelianos", aqueles de cujo pensamento idealista e utópico falávamos há pouco.

Só que dentro deste grupo apareceria o crítico mais importante do trabalho de Hegel, Karl Marx, que chegou à conclusão de que faltava a Hegel menos racionalismo (essa mais atualizada versão do idealismo) e mais materialismo. Aos olhos de Marx, a materialidade é o centro de todo esse movimento — e seus colegas socialistas estavam perdendo tempo ao pensar em como seriam mundos perfeitos que jamais iriam existir. Nesse ponto, Marx rompe com o grupo, passa a denominar esses pensadores de "socialistas utópicos", além de trabalhar em algo que seria futuramente chamado de "socialismo científico". Ainda hoje existem socialistas utópicos, que nada têm de marxistas. As experiências socialistas mais famosas, como a União das Repúblicas Socialistas Soviéticas (URSS), estão quase todas ligadas às ideias de Karl Marx e sua análise crítica e científica do capitalismo.

Para ele, o que se costuma entender hoje por socialismo é uma forma de governo de transição entre o capitalismo e o comunismo, na qual o Estado controla os meios de produção. Isso acontece porque, por ser materialista, o comunismo não tem como ser construído do nada. Então, em resumo, a ideia é que, se o socialismo der certo e superar as divisões de classe, muito tempo após a primeira revolução, o Estado se tornará obsoleto e a sociedade virará comunista.

Isso significa que é necessária uma dose extra de otimismo para se envolver com essa causa, já que não existe nenhuma garantia de que as coisas vão acontecer dessa forma — e isso vale para as revoluções de forma geral. Inclusive, é justamente com essa provocação que responderemos à pergunta que abriu este capítulo.

7. Tudo o que é vermelho é comunista?

Não, óbvio que não. O que acontece é que o comunismo incorpora em seu projeto a ideia de revolução em uma de suas formas mais radicais, que é a busca por uma sociedade sem classes sociais e sem Estado. Abolir a existência de classes sociais e do aparato estatal implica transformar toda a realidade que conhecemos.

A ideia de mudanças radicais na política, na economia e nas práticas sociais pode ser espantosa em especial para aqueles que não querem mudar nada — e o comunismo é essencialmente *mudança*. E vermelho é, de fato, a cor favorita dos comunistas. Aliás, por que comunistas tem predileção pelo vermelho?

Tudo começou quando a corte francesa passou a usar bandeiras vermelhas para proibir manifestações entre 1789 e 1799 — no período da Revolução Francesa. Em certa ocasião, após uma revolta que terminou em massacre, a bandeira vermelha foi adotada pelos revolucionários.

Agora tudo é comunismo?

Os franceses pegaram a bandeira que havia sido hasteada para reprimi-los e mudaram seu significado: a partir dali, o vermelho passou a remeter ao sangue dos mártires que perderam a vida na luta pela revolução. E, como a Revolução Francesa foi um evento que ecoou para muitos outros lugares com o passar dos anos, a bandeira vermelha se tornou um sinônimo de revolução. Dos grupos famosos que adotaram essa cor, o de maior destaque foi, certamente, o comunista.

Cientes disso, podemos propor uma releitura da frase de onde partiu a nossa jornada. Afinal, dizer que a "nossa bandeira jamais será vermelha" não quer dizer que o país nunca será comunista, e sim expressa o desejo de que nenhuma mudança social verdadeiramente profunda seja feita no Brasil.

2

POR DENTRO DAS REVOLUÇÕES

Ao final do século XVIII, a França passou por uma enorme crise política, social e econômica. As injustiças, diante do cenário de pobreza e violência promovido pela monarquia do país, que, em contraposição à fome do povo, vivia luxuosamente, passou a ser insustentável.

Algo estava prestes a mudar: a monarquia perdia seu poder para outra classe social. Esse foi o processo de descontentamento geral que desembocou na tão famosa Revolução Francesa de 1789. E quem saiu vitoriosa nesse processo foi a burguesia. A importância desse e de outros eventos semelhantes para a

História global é incontornável; de maneira muito prática, seus ideais de liberdade, à época revolucionários, nos trouxeram até aqui. É seguro dizer que, sem ela, Marx provavelmente teria escrito sobre outros assuntos em sua vida, por exemplo.

Seu desenrolar construiu as bases de muitos conceitos que hoje são parte importante das nossas visões de mundo de forma genérica. Surgem, nesse momento, termos como: políticas de esquerda ou de direita, Estado laico, divisão do aparato estatal em três poderes e a ideia dos direitos fundamentais do ser humano, chamados então, de maneira exclusiva, de "direitos do homem".

Até mesmo o conservadorismo moderno, como corrente filosófica, é consequência da moda revolucionária gerada por esse evento histórico. Começava ali a Era das Revoluções.

Agora tudo é comunismo?

O principal motivo para tamanho alarde, a bem da verdade, era a radicalidade do processo como um todo. E radicalidade não apenas no sentido de levar a violência às últimas consequências, mas de quanto isso atuou nas raízes da sociedade. Foi algo totalmente inédito. Embora a insatisfação das pessoas fosse tão antiga quanto o tempo, poucas revoltas de classe realmente conseguiram fazer mudanças tão estruturais na sociedade. Antes da Revolução Francesa, as mudanças sociais costumavam vir de forma mais gradual. Logo, não é por acaso que a revolução tenha trazido os tais ideais "vermelhos" que, hoje em dia, atormentam a classe que saiu vitoriosa dela: a burguesia.

Se, por um lado, os ideais revolucionários humanistas da época trouxeram ao nosso tempo muitos avanços em direção à igualdade e à justiça, por outro lado, parte deles tornou-se a moralidade conservadora que deseja manter as classes mais política e economicamente poderosas em seu lugar atual.

Mesmo porque a ascensão da burguesia não significou necessariamente que as pessoas que estavam no poder tivessem mudado, já que muitos dos burgueses eram, também, nobres, e muitos nobres em falência se casaram com burgueses. Existem hoje famílias bilionárias cuja riqueza remonta aos tempos das revoluções. O que mudou foi que o poder dessas pessoas não veio de seus títulos de nobreza, mas do seu poder sobre a economia. Em muitos casos, pouco mudou em relação a quem trabalhava para quem.

É natural que mudanças sejam temidas ainda mais quando propõem ideias que são consideravelmente opostas à visão de mundo já estabelecida. Mas querer uma revolução também é perfeitamente razoável para quem vive em um mundo à beira de constantes colapsos sociais, econômicos, climáticos e ambientais, tal como o capitalismo.

O cerne do debate todo é que quase ninguém parece satisfeito com a forma com que as coisas funcionam no seu próprio tempo, mas todo mundo tem um pé atrás com a ideia de revolução — afinal, não existem garantias de que alterações radicais vão nos levar a viver melhor ou que a próxima classe dominante vai ser mais justa e o mundo será melhor para todos.

Aí está mais um bom motivo para estudar o comunismo: foram justamente os comunistas (em suas variadas formas) o grupo político que mais rivalizou com a burguesia ao longo da História. O comunismo é temido pelo mesmo motivo pelo qual as revoluções são temidas, e é por causa desse medo que se vende uma ideia falsa de que conservar relações de poder é sempre a alternativa mais segura.

E por qual razão essa afirmativa não é sempre verdadeira? Pelo simples fato histórico de que as situações e os arranjos socioeconômicos de natureza desigual — e por isso violenta, no sentido amplo da palavra — sempre conduziram a levantes, golpes, revoluções; em suma, as injustiças sempre foram objeto de insatisfação e de resistência.

Nesse sentido, achar que o mundo inteiro deve concordar com condições degradantes que seriam supostamente inerentes ao funcionamento de "sociedades modernas" não é nada realista.

Golpe versus Revolução

A distinção entre "golpe de Estado" e "revolução" é considerável: o primeiro é uma quebra momentânea das regras do jogo político, a segunda é uma tentativa de reescrevê-las radicalmente. As revoluções são movimentos de vasto apoio popular que executam mudanças profundas nas estruturas socioeconômicas. Enquanto isso, os golpes de Estado costumam justamente defender a manutenção das estruturas de poder, sendo geralmente liderados por grupos ou pessoas que já ocupam posições de liderança na estrutura dos Estados e da sociedade, como generais, políticos e donos de grandes fortunas.

Por essa razão, um evento como o golpe de 1964 no Brasil não pode ser chamado de revolução, uma vez que foi articulado por militares e por grande parte da elite, sem promover qualquer mudança na infraestrutura da sociedade. Essa não é uma divisão moral, em que uma revolução é boa e um golpe é ruim, e também não se deve ao fato de a esquerda ou a direita ter promovido uma ruptura que a definimos como uma coisa ou outra — e sim pelos tipos de mudança que promoveram.

Uma revolução pode ser, inclusive, movimentada por fatores como a religião, como foi o caso da Revolução Islâmica (ou Revolução Iraniana). Para muitos, essa revolução foi o início de uma ditadura religiosa perigosa, enquanto para outros foi o marco de uma revolução vitoriosa e de aspirações anti-imperialistas. É seguro dizer que foi pelo menos um pouco das duas coisas. O importante aqui é entender o quanto as revoluções

Agora tudo é comunismo?

são fundamentais para se compreender a estrutura da nossa realidade atual.

Revolução Russa

Agora que esses conceitos foram explicados, é hora de falarmos do tipo de revolução que interessa, de fato, discutir aqui: as revoluções de caráter comunista que já ocorreram na nossa História. Pois, apesar de nunca ter existido um país propriamente comunista, muitos Estados importantíssimos se orientaram e se construíram a partir desse conjunto de ideias, países cujas revoluções ocorreram aos moldes do socialismo-científico, cada uma delas com suas especificidades.

Vamos apenas relembrar qual é a ideia geral do socialismo científico de Marx: o capitalismo sempre sofrerá com crises e, durante uma delas, quando o capitalismo já estiver em estágio avançado, a classe operária deverá se organizar e dominar o Estado por meio da violência, usando-o para retirar os meios de produção da burguesia, inaugurando a chamada ditadura do proletariado.

Em linhas gerais, podemos dizer que a ditadura do proletariado é um momento de transição entre o capitalismo e o comunismo pleno, no qual classes sociais, e por consequência o Estado, deixariam de existir. A ideia de Marx era que a revolução continuasse e resolvesse as contradições herdadas do capitalismo avançado, de forma que o Estado se tornasse obsoleto e fosse dissolvido naturalmente, e o poder de organização da sociedade e dos meios de produção de subsistência humana sendo distribuído horizontalmente entre todos os trabalhadores.

Essa é a teoria, mas precisamos nos voltar para como foi a prática.

Em certa ocasião, Jean-Paul Sartre escreveu a seguinte frase: "Um amor, uma carreira, uma revolução: outras tantas coisas que se começam sem saber como acabarão". Ele defendeu o comunismo praticamente sua vida inteira, e em seu legado deixa um lembrete da incerteza do resultado das nossas escolhas. As revoluções, enquanto parte da experiência humana, estão sujeitas aos erros e acertos de seres humanos: a grande aventura da existência.

Fato é que muitos dos argumentos dos críticos do comunismo e do socialismo são construídos em cima de questionamentos a respeito dos resultados históricos dessas experiências reais. É bem mais complicado criticar um conjunto de ideias do que as consequências dessas ideias na vida real, mas os dois tipos de conhecimento são necessários para responder à dúvida que não quer calar: o comunismo funciona?

Para respondermos isso, precisamos falar da mais importante das revoluções de caráter marxista: a Revolução Russa. Ela não é a mais importante só por ter sido a primeira, mas também por ter consagrado o método operacional do socialismo. Se Karl Marx foi o sujeito que inventou o comunismo, Vladimir Lênin foi o responsável por colocá-lo em prática, além de desenvolver e elaborar teoricamente os métodos de como fazer uma revolução.

Lênin escreveu e documentou uma quantidade assustadora de textos sobre os mais diversos temas, antes, durante e depois da revolução. Seu material virou uma espécie de manual, ainda que hoje exista um debate dentre as variadas correntes do pensamento comunista.

O acontecimento histórico da revolução do proletariado russo, sob a liderança de Lênin e dos auspícios de um partido de intelectuais de vanguarda, tornou-se imprescindível para pensar qualquer experiência socialista. Não foram países capitalistas altamente industrializados que fizeram revoluções, mas países de economias agrárias e de industrialização incipiente, recém-saídos de grandes crises ou guerras, como era o caso da Rússia.

Assim, para entender o que se passa em Havana ou em Pequim hoje, temos de entender o que aconteceu em Moscou em 1917, especialmente as consequências econômicas, sociais e políticas da Revolução Russa para o mundo, assim como o lugar histórico de figuras como Josef Stálin, que são profundamente estudadas, mesmo por seus críticos, sejam eles liberais ou comunistas.

A Rússia antes de Lênin

Essa história começa no Império Russo, no início do século XX, durante a Primeira Guerra Mundial, conflito que acabou com qualquer imaginário de segurança, em especial para os europeus. Esse sentimento invadiu a Rússia com ainda mais intensidade, visto que o país já passava por dificuldades financeiras há décadas.

Tratava-se de um país gigantesco, rural e pouco desenvolvido, que vivia uma situação interna terrível, em particular para camponeses e operários. Desde o fim do século XIX, havia uma vontade popular de dar fim à agressiva monarquia russa, de forma que se sucederam greves e levantes de populações não russas ou camponesas, que foram quase sempre repreendidas.

Vale destacar eventos como o Domingo Sangrento, em 1905, no qual mais de duzentas pessoas foram executadas em praça pública. O Domingo Sangrento foi o final trágico de uma marcha pacífica, composta por diversos setores da sociedade, e tendo o padre ortodoxo George Gapon como uma das maiores lideranças. O objetivo da marcha era entregar uma petição ao czar Nicolau II, que, por sua vez, abriu fogo e estourou um barril de pólvora contra a população. A reação do czar acabou por impulsionar a Revolução de 1905, que enfraqueceu o regime czarista sem derrubá-lo, além de ter sido o momento da criação do Soviete de Petrogrado.

No mesmo ano, ocorreu também a Revolta do Encouraçado Potemkin, organizada por marinheiros, com o objetivo de forçar a Casa Real russa a fazer diversas concessões de cunho popular, como criar a Duma (o primeiro parlamento nacional russo) e publicar uma Constituição em 1906, fazendo da Rússia o último Estado europeu a deixar o absolutismo.

Como podemos perceber, o czar já enfrentava um momento delicado bem antes de a Primeira Guerra Mundial estourar, e o envolvimento russo na guerra agravou seus problemas internos e externos. O czar, além de ter de se preocupar com a máquina de guerra alemã, tinha o complicado desafio interno de manter sua legitimidade. Sua resposta à crise foi dobrar a aposta na guerra e na repressão, o que custou caro, resultando

Agora tudo é comunismo?

em três anos de derrotas em batalhas e territórios para a Alemanha.

O abastecimento do país foi destruído, e, em 1916, a Rússia iniciou um período de fome que continuaria presente por muitos anos. O país também deixou de ter acesso apropriado a combustíveis e a outros produtos básicos do dia a dia. Em linhas gerais, a economia estava, basicamente, implodindo, o líder derretendo e os soldados estavam voltando feridos e insatisfeitos para casa.

Existem analistas que dizem ter sido a postura do czar nesse contexto que abriu tanta margem para os grupos mais radicais adquirirem espaço, já que, no lugar de se aliar aos membros mais moderados da Duma, ele optou por antagonizar todo mundo.

Em março de 1917, grupos operários começaram uma revolta, que foi ganhando tamanho e, inclusive, conseguiu o apoio das polícias que supostamente deviam reprimi-la. Acabou que os revolucionários tomaram o controle de Petrogrado (ou São Petersburgo). Simpatizantes que estavam fora da cidade, mas faziam parte da infraestrutura russa, como ferroviários, ajudaram por meio de greves que inviabilizaram uma retomada das tropas de Nicolau — a monarquia do czar estava desmoronando.

Então, quando até mesmo os generais o abandonaram, Nicolau II abdicou do trono. Foi assim que a Rússia virou uma república e iniciou seu governo provisório, que se mostrou apenas uma etapa do processo revolucionário que estava para acontecer.

Esse governo provisório foi formado, em grande parte, pelos tais membros moderados da Duma. Mas esses grupos não pareciam contemplar os novos anseios da classe operária e rural russa; outros grupos estavam se articulando muito melhor, em especial, o famoso Partido Comunista Russo, que estava mais próximo a um novo e influente órgão operário: o Soviete de Petrogrado.

Os sovietes eram mais populares, embora dividissem o poder com o governo provisório. Fato é que nenhum dos lados estava satisfeito com a situação. Nesse tenso contexto, começa uma segunda revolução, conhecida como Outubro Vermelho ou Revolução de Outubro — organizada pelo Soviete de Petrogrado, sob liderança dos bolcheviques, que, juntos, derrubaram o governo.

O marxismo de Lênin

Foi nesse contexto político intenso que a figura de Lênin ganhou um papel mais contundente. Foi ele quem desenvolveu uma abordagem diferente do uso do Partido Comunista, o que foi crucial para sua ascensão à liderança após a Revolução Russa. Para Lênin, o Partido Comunista era algo bem diferente daquilo que entendemos hoje, porque ele considerava que o partido deveria ser uma espécie de destacamento organizado da classe operária para a tomada de poder de modo combativo, e não um grupo de pessoas que compartilham uma ideologia e disputam eleições.

Em 1898, momento em que foi fundado o Partido Operário Social-Democrata Russo (POSDR), Lênin e Julius Martov, ambos chefes do jornal *Iskra*, viriam a criar as duas facções que racharam o partido: os mencheviques de Martov e os bolcheviques de Lênin. Os mencheviques queriam iniciar reformas e

Agora tudo é comunismo?

estabelecer uma relação de diálogo entre as classes, enquanto os bolcheviques acreditavam que a derrubada do governo na base da revolução completa era o melhor caminho. O objetivo de Lênin era dar todo o poder aos sovietes e construir um governo de base.

O que se seguiu ao mês de outubro foi a saída da Rússia da Primeira Guerra Mundial e a formação da República Socialista Federativa Soviética. Mas a saída do conflito não significou paz, já que uma sangrenta guerra civil explodiu logo em seguida e durou até 1922.

Durante essa guerra civil, iniciou-se um projeto sistemático de remoção das facções antirrevolucionárias da Rússia, em que foram promovidos expurgos contra todos os opositores dos bolcheviques — o que incluiu a execução sumária da família real da Rússia, os Romanov.

As principais frentes estavam divididas entre os "Verdes" (camponeses), "Pretos" (anarquistas), "Brancos" (monarquistas) e os "Vermelhos" (soviéticos) — estima-se que o saldo de mortes nesse conflito tenha sido de 5 a 9 milhões de pessoas. Os últimos 20 anos já haviam destruído a Rússia, mas a guerra civil acabara de ruir o país. O grande desafio agora era reconstruí-lo praticamente do zero.

As mudanças não parariam por aí e tampouco seriam apenas internas, já que a revolução se espalhou e, em pouco tempo, a antiga Rússia se juntou a outras repúblicas, como a Ucrânia, formando a União das Repúblicas Socialistas Soviéticas (URSS).

O primeiro ato de Lênin na condição de líder foi reativar a economia do país, mantendo como base as antigas estruturas comerciais, de forma emergencial. Seus objetivos iniciais eram fazer avançar a industrialização, promover a reforma agrária para distribuir terras e abafar revoltas locais, assim como eliminar as células de oposição ainda existentes. Para resolver isso, criou uma polícia especial para combater qualquer opositor da revolução, e logo foi atrás de ser reconhecido e entrar em paz com países como a Alemanha.

Não foram só flores, como podemos perceber. Lênin não fugiu à tradição local e o regime perseguiu violentamente detratores e insatisfeitos — que não eram poucos em um país que já passava necessidade há tantos anos.

Em paralelo, a saúde de Lênin começou a se deteriorar, e ele faleceu em 1924, deixando o partido dividido.

A ascensão de Stálin

Josef Stálin é uma das figuras mais polêmicas da história, lembrado em especial como líder brutal da URSS de 1927 até 1953. Sob seu comando, que emergiu alguns anos após a morte de Lênin, a União Soviética deu uma guinada maior ao autoritarismo. Também ocorreu uma enorme burocratização, de forma que o Partido inchou, o governo aumentou ainda mais a propaganda e os órgãos de repressão se tornaram cada vez mais presentes na vida dos soviéticos.

Quando se discute a ideia de liberdade de expressão dentro do imaginário comunista, figuras como Stálin na Rússia, Kim II-Sung na República Democrática Popular da Coreia, Fidel Castro em Cuba ou Mao Tsé-Tung na China demonstram que existem bons motivos para se ter cuidado. Se o comunismo

Agora tudo é comunismo?

é a doutrina da libertação da classe trabalhadora, como é possível justificar esse tipo de repressão da liberdade?

Esse paradoxo é um dos calcanhares de Aquiles do socialismo real, que em muitos casos desembocou em ditaduras de linha dura, às vezes tão duras quanto as que pretendiam superar. Entretanto, vale lembrar que esse não foi um movimento exclusivamente soviético, afinal, diversos governos de variadas correntes ideológicas endureceram consideravelmente nesse período, tanto na Europa quanto na Ásia e nas Américas. Ascendia o nazismo na Alemanha, o imperialismo japonês, e no Brasil, por exemplo, durante todo o período de Getúlio Vargas houve censura, prisões arbitrárias e repressão a diversos grupos políticos, dentre os quais os comunistas. Ou seja, se por um lado a censura não é intrínseca ao comunismo, fato é que os países socialistas em sua imensa maioria usaram — e ainda usam — de mecanismos duros para cercear a liberdade de expressão.

Voltando ao governo de Stálin, se por um lado trouxe o início de um projeto de rápida revolução industrial, acabando de vez com a exclusividade das características rurais da região, por outro, ele implementou seu plano de maneira violenta, com consequências bastante trágicas e que praticamente impossibilitam a sua defesa na condição de líder.

Logo nos primeiros anos de governo, Stálin tornou-se o líder de repúblicas nas quais a fome era endêmica, e suas políticas, que buscavam o desenvolvimento a qualquer custo, resultaram em verdadeiros desastres. Um dos exemplos mais famosos,

Agora tudo é comunismo?

e potencialmente uma das maiores crises humanitárias da História, foi o período de Grande Fome na Ucrânia, que se sucedeu entre 1932 e 1933, hoje conhecido como Holodomor.

Não se sabe ao certo quantas pessoas de fato morreram por causa da Grande Fome nessa época, visto que qualquer número é resultado de especulação, mas todas as estimativas são igualmente alarmantes em termos humanitários. Para quem tinha dúvidas, o Holodomor realmente aconteceu, e o fato é reconhecido até pela Organização das Nações Unidas (ONU).

Mas a grande questão é: por que houve esse período descontrolado de fome? Como dissemos, a região já passava por dificuldades de abastecimento desde antes da Primeira Guerra. A abordagem para resolver essas questões, tomada por Stálin e seus aliados no Partido, agravaria o problema. O problema começou com o plano de industrialização soviético junto à coletivização de propriedades dos ucranianos.

Os camponeses ucranianos possuíam suas próprias técnicas de agricultura e eram responsáveis pela produção organizada dos recursos alimentícios, mas perderam o controle de suas terras em detrimento das políticas stalinistas de coletivização de fazendas, o que fez com que a produção despencasse.

Uma explicação possível para as dificuldades surgidas nesse período pós-revolução é que a URSS encontrava-se em um momento de acúmulo de crises: vindos desde o regime czarista, décadas atrás, problemas estruturais do país somaram-se a dificuldades inerentes a um processo revolucionário turbulento e, em ampla medida também incerto, para criar uma situação generalizada de dificuldades inescapáveis, com a qual o regime recém-instaurado precisou lidar, muitas vezes fazendo isso de forma pouco eficiente e altamente impositiva ou mesmo violenta.

Se estivéssemos falando da produção de algo não essencial, não seria um grande problema. Entretanto, quando se trata de comida, até regularem a produção, haveria fome. Sendo assim, o processo de expansão acelerada da União Soviética, junto à recuperação dos danos causados por anos de guerra civil, trouxe a fome brutal na Rússia e na Ucrânia. Para Stálin, as consequências do rápido desenvolvimento econômico foram um meio para um fim.

A crise de abastecimento se agravou e as medidas absurdas que vieram logo em seguida foram o confisco e o controle centralizado da alimentação. Basicamente, não havia recursos para alimentar a todos, e estava nas mãos do Partido decidir a distribuição. Começa aí a parte mais delicada do período: Moscou fechou as fronteiras ucranianas, deixando os habitantes presos em uma terra sem comida e os impedindo de procurar alimento em outros locais. É justamente aí que se inicia o debate sobre a existência de um genocídio ucraniano e da associação comum entre comunismo e fome.

Aqui, por ser um assunto de tamanha seriedade, vale pontuarmos algumas coisas:

- Falar que a Grande Fome não existiu é um revisionismo histórico. Ela existiu e marcou de forma irreversível o povo ucraniano. Entretanto, é importante pontuar que a fome não foi uma exclusividade da Ucrânia nessa época;

- As razões para a fome na Ucrânia não foram premeditadas, e sim consequências de decisões terríveis, de finalidade econômica, tomadas por um tirano, após décadas de conflitos internos e crises de abastecimento;
- O Holodomor e o Holocausto foram eventos históricos muito distintos.

O Holomodor e o Holocausto

Não existe um paralelo entre o que aconteceu na Ucrânia e na Alemanha Nazista. O gravíssimo problema de fome na Ucrânia, assim como os *gulags* (campos de trabalho forçado), foram terríveis, mas diferentes dos campos de extermínio em métodos, motivos e resultados práticos. Hitler usava termos como "solução final para a questão judaica", pois tinha intenção de exterminar os judeus. Stálin, por sua vez, usava de violência para manter o poder e a autoridade como líder, assim como para decidir os rumos do projeto socialista no país. Assim, barbaridades ocorreram em formatos diversos e por várias razões ao longo da História, mas é necessário distingui-las.

Durante a Grande Fome, Stálin tinha um plano de crescimento econômico que ignorava seu custo em vidas. Na época, aconteciam os chamados Planos Quinquenais para desenvolvimento de ferrovias, parques industriais, estradas e represas. Tudo isso em uma época em que o mundo sentia os efeitos da crise de 1929. Assim, o sucesso do modelo de Stálin sob um viés apenas econômico é inegável. Mas a análise da sociedade apenas sob o prisma econômico é uma das frequentes e mais pertinentes críticas que os comunistas tecem sobre os capitalistas.

Entre 1928 e 1937, a União Soviética cresceu quase 3.000%, utilizando, inclusive, mão de obra forçada para baratear os produtos — poderíamos até mesmo dizer que a falta de humanidade de Stálin agradou ao mercado. Isso fez com que o Bloco Comunista ganhasse cada vez mais relevância internacional.

Mão de obra forçada? Sim, estamos falando dos *gulags*. O governo Stálin utilizava-se muito desses campos de trabalho, aos quais eram enviadas pessoas subversivas, contrarrevolucionárias e/ou não aderentes ao regime. Milhões de pessoas foram obrigadas a trabalhar forçadamente em troca de não serem executadas.

Isso tudo catalisou uma característica marcante do governo Stálin: a paranoia. Começavam ali os julgamentos de fachada, a fábrica de inimigos, a propaganda constante do regime e de seu líder máximo. Tudo isso formou uma grande panela que hoje é chamada stalinismo, termo que jamais foi utilizado por Stálin, que se considerava marxista-leninista.

O stalinismo chegou ao seu ápice em 1937, durante o chamado Grande Expurgo, momento em que ocorreu uma das maiores perseguições políticas da história da humanidade. Além dos inimigos frutos da paranoia de Stálin, seus próprios aliados — camponeses apoiadores, funcionários do governo etc. — começaram a ser caçados. O regime perseguiu ativamente todos que não estavam de acordo com a repressão.

Assim, o governo de Stálin tomou rumos diferentes do que os mais fervorosos apoiadores da Revolução Russa gostariam e, ao final da década de 1930, os problemas internos seriam agravados por eventos externos, como o início da Segunda Guerra Mundial.

A URSS na Segunda Guerra Mundial

Hitler estava crescendo, assim como as suas ideias, que ficavam cada vez mais populares. Paranoico e totalitário, abertamente genocida e anticomunista, infectado pelo sonho racista da pureza do pangermanismo e com uma máquina de guerra notável, o líder alemão causava abalos na geopolítica local. A crença geral das potências europeias, como a França e a Inglaterra, era de que o primeiro alvo da Alemanha no contexto da guerra seria a União Soviética, visto que o anticomunismo era pauta primordial do regime nazista. Então, o que se seguiu foi uma política de apaziguamento pelos demais países — que teria consequências imensas.

O pensamento dos líderes do "mundo livre" era de que se o nazismo fosse útil para derrubar o comunismo, ele poderia ser tolerado. A Inglaterra, sob a gestão do ministro Chamberlain, chegou a assinar o Acordo de Munique com os nazistas, meses após a URSS propor formalmente uma aliança com os ingleses. Stálin, que controlava uma economia em ascensão, mas tinha plena ciência que não seria possível enfrentar de frente a Alemanha, buscou uma alternativa. Enquanto isso, utilizando-se de uma tática

Agora tudo é comunismo?

de sobrevivência, Alemanha e União Soviética assinaram um pacto de não agressão chamado Pacto Molotov-Ribbentrop. Sem esse acordo, é possível dizer que logo de início as atenções nazistas se voltariam apenas para a Rússia e, com suas forças armadas intactas, provavelmente a destruiria. Foi uma estratégia bastante eficiente de Stálin, visto que, logo após a assinatura, Hitler se sentiu confortável para invadir a Polônia e dar início aos acontecimentos que chamamos de Segunda Guerra Mundial.

Para muitos, foi um pacto vergonhoso, mas fazia sentido de um ponto de vista pragmático, visto que talvez naquele momento fosse a única chance de sobrevivência para o regime soviético — também contando que, agora, os alvos prioritários da Alemanha eram as potências que deram espaço para sua ascensão. Mas, na prática, o que ganharam foi apenas tempo para se estruturarem enquanto a Alemanha se desgastava, já que a invasão nazista viria de qualquer maneira.

Em 1941, Hitler invade a União Soviética, mas, nesse momento, ele encontra um país que já tinha maior capacidade industrial e que havia aumentado seu poder militar. Em paralelo, a União Soviética se mostrava uma ameaça consideravelmente menor do que o nazismo para o bloco ocidental, que penava na guerra e precisava de aliados.

Como bem colocou Winston Churchill: "Se Hitler invadisse o inferno, eu faria uma referência favorável ao diabo na Câmara dos Comuns". E foi dessa aliança entre inimigos jurados que se formou o colosso que entrou no ringue da Segunda Guerra Mundial: os Aliados (Reino Unido, França, União Soviética e Estados Unidos), que enfrentou o Eixo (Alemanha, Itália e Japão).

Os Aliados, também chamados de "Nações Unidas", oficializaram a aliança no dia 1º de janeiro de 1942 — e, após anos de guerra constante ao redor do mundo, derrotaram o Eixo. Em 2 de maio de 1945, o Exército Vermelho, dias após a morte de Hitler, toma oficialmente o controle de Berlim, mas a guerra só terminaria oficialmente no dia 2 de setembro de 1945, com a rendição do Império Japonês. Isso ocorreu pouco após os lançamentos de duas ogivas nucleares contra civis nas cidades de Hiroshima e Nagasaki por parte dos Estados Unidos.

Os Estados Unidos venceram a guerra após inventarem a mais assustadora arma de destruição em massa da História, que, aliás, nunca mais foi utilizada em contexto de guerra. A URSS também alcançou relevância internacional imensa, mostrando-se ser uma verdadeira potência global, tanto militar quanto ideologicamente. A Inglaterra e a França podiam enfim se reconstruir, assim como todos os Aliados, que teriam novos desafios pela frente.

Os antigos parceiros voltaram a ser rivais. Os espólios dos derrotados precisavam ser divididos e as alianças redefinidas. Começava uma nova fase: a Nova Ordem Mundial. A URSS agora seria a protagonista, junto aos Estados Unidos, de todos os debates que viriam a seguir. Começava, então, a Guerra Fria.

Polarização, propaganda e paranoia

Polarização. Usam bastante esse termo nos dias de hoje, não apenas no Brasil, mas especialmente aqui. Em certo tom de novidade, dizem que os discursos são polarizados — como se estivesse ocorrendo uma guerra cultural entre opostos inconciliáveis dentro e fora da política. E é necessário compreender de forma menos generalizante o que são esses polos.

A verdade é que o mundo já está bastante polarizado, e faz tempo. O conceito de polarização adquiriu relevância quando se começou a falar de uma divisão bipolar do mundo moderno entre duas grandes e expansivas visões de mundo, isto é, duas perspectivas radicalmente diferentes sobre a natureza da vida em sociedade. A primeira, a neoliberal, era a atualização mais recente dos preceitos fundamentais do capitalismo industrial, e podemos dizer que capitaneada pelos Estados Unidos; a segunda, a socialista, e principalmente representada pela União Soviética, tentava provar-se como alternativa ao capitalismo, que sempre se mostrou nocivo para os mais explorados.

Um bom marco para o início desse processo foi o discurso do presidente norte-americano Harry Truman, proferido em 1947, para solicitar verba a fim de combater o avanço do comunismo na Europa. Na ocasião, Truman alegou que era papel do governo estadunidense o combate ao avanço da influência soviética — que já estava se organizando ao redor do globo desde a queda do Terceiro Reich, mesmo ainda lutando para se recuperar do ônus brutal dos sequenciais anos de conflitos internos e externos.

Começava ali a famosa doutrina Truman, com certo alarmismo antissoviético. A partir de então, os meios de comunicação em massa

Agora tudo é comunismo?

ganharam relevância histórica renovada. Fosse para vender o "American way of life" [estilo de vida americano] ou a Revolução Operária, ferramentas como rádio, televisão, cinema, jornais e revistas se tornaram cruciais para criar esse ambiente de reforço ideológico e disputa de narrativas em que vivemos.

No Brasil, pudemos ver a ascensão de Vargas como ditador na Era do Rádio, da mesma forma que o regime militar foi marcado pelo uso da televisão — em ambos os casos, serviram para desenvolver uma imagem difusa e assustadora de suas oposições que justificassem suas perseguições. Boa parte das invenções e das mentiras que hoje tornam o debate político superficial nasceram nessa época. Aliás, a própria razão de este livro existir encontra-se neste ambiente onde o comunismo foi tão contaminado por propagandas que quase ninguém sabe com certeza do que se trata, apenas que parece ser a raiz de todo o mal.

A polarização e o chamado anticomunismo podem ser lidos como resultados de um trabalho de propaganda que desenvolveu imensa paranoia a respeito dessa suposta ameaça. Antes da Guerra Fria, essa lógica encontra seu melhor exemplo na propaganda do regime nazista.

Com a crise econômica causada pela derrota alemã na Primeira Guerra Mundial, ideias nacionalistas e autoritárias tinham se proliferado por toda parte, colocando em xeque o regime democrático da República de Weimar. Por fim, quem conseguiu aproveitar melhor o desespero e a insatisfação dos alemães foi o partido de Hitler, que conquistou o poder ao pregar que os

Agora tudo é comunismo?

alemães eram uma raça superior destinada a dominar o mundo e que o país só estava naquele poço sem fundo porque tinha sido vítima de uma terrível conspiração judia e comunista.

Até dezembro de 1941, os judeus e as demais minorias políticas eram assassinados, principalmente por meio de fuzilamento, até que Heinrich Himmler, comandante da ss, decidiu utilizar gás venenoso para acelerar a "solução final" e diminuir os efeitos psicológicos que tantos fuzilamentos causavam nos soldados alemães. No início, caminhões foram usados como câmaras de gás, mas, entre 1942 e 1945, as técnicas de extermínio avançaram rapidamente. Em 1942, os nazistas inauguraram na Polônia os campos de extermínio de Belzec, Sobibor e Treblinka, onde foram mortos aproximadamente 1,5 milhão de judeus, em sua maioria poloneses, entre março de 1942 e novembro de 1943.

Além dos judeus que viviam na região, passaram a ser remetidas para a morte nesses campos pessoas que até então estavam confinadas em guetos ou em campos de trabalhos forçados em vários países da Europa ocupados pelos nazistas.

Até o Brasil extraditou para a Alemanha pessoas que andavam incomodando a ditadura de Getúlio Vargas, como foi o caso de Olga Benário — uma mulher judia e comunista, que foi deportada grávida aos 28 anos, e acabou assassinada no campo de extermínio de Bernburg.

Outros campos de extermínio foram criados entre 1943 e 1944, sendo o maior deles o de Auschwitz-Birkenau, que contava com quatro câmaras de gás, que chegavam a matar mais de 6 mil pessoas por dia. Apenas no campo em questão estima-se que tenham sido mortos mais de um milhão de judeus, além de milhares de ciganos, poloneses e prisioneiros de guerra soviéticos.

Apesar de defenderem em sua propaganda o extermínio de judeus e de outras minorias, os nazistas colocaram seus planos em prática sem alarde, na surdina, pois sabiam que uma atrocidade como essa poderia vir a ser questionada dentro e fora da Alemanha. Para isso, os nazistas forjaram atestados de óbito, mentiram para os parentes de deficientes físicos e pacientes psiquiátricos e encobriram as ordens internas para que se levasse adiante a "solução final" contra os judeus.

Isso nos traz à importante questão de como o Partido Nazista foi capaz de realizar um genocídio em tamanha escala, tanto em termos do número de pessoas mortas quanto da eficácia e da perícia técnica empregadas com a finalidade de fazer desaparecer da Terra todo um povo. Sabe-se hoje que os cidadãos alemães tinham conhecimento dos horrores do Holocausto, já que o partido fazia plena propaganda de suas ideias e de seus feitos criminosos (ainda que as câmaras de gás tenham sido escondidas do saber popular).

Talvez um dos principais fatores para que o povo alemão tenha aceitado um conjunto de crimes tão violento contra a humanidade tenha sido a eficácia da máquina de propaganda nazista, visto que antes de serem exterminados em câmaras de gás, os judeus passaram anos sendo retratados na mídia como terríveis conspiradores contra a Alemanha e como racialmente inferiores. Cartazes e filmes representavam os judeus como feios, imorais e ambiciosos, sendo comparados a insetos e ratos. Rapidamente, a desumanização dos judeus escalou para a ideia de que judeus deveriam ser eliminados a fim de garantir a segurança e a saúde dos alemães.

Mesmo após a eliminação das principais lideranças fascistas, e ainda que o conjunto das nações, ao menos oficialmente, tenha passado a se opor ao nazismo, essas teorias da conspiração e preconceitos racistas tão propagados por décadas não desapareceram rapidamente.

No que compete aos comunistas, narrativas diversas foram adaptadas e essa propaganda que visava montar uma caricatura assombrosa virou uma espécie de prática geral adotada pelo bloco capitalista — com novos contornos e em um contexto de trauma gerado pelo conflito global que se passara, enriquecido pelo recém-adquirido potencial bélico da humanidade: a bomba atômica.

Dentro do regime soviético, tratamento similar em termos de propaganda era usado contra os capitalistas e o medo da guerra nuclear também. Além disso, a censura que já existia por lá foi mantida, enquanto os Estados Unidos inovavam em suas formas de censurar a ameaça comunista (e quem parecesse antagonizar com quaisquer interesses do governo). Aliados da propaganda anticomunista, como Edgar Hoover e Joseph McCarthy, empreenderam perseguições a artistas, roteiristas, escritores e jornalistas.

A URSS se expandiu durante a Guerra Fria, aumentando seus territórios e, por

Agora tudo é comunismo?

consequência, seu poder de influência, utilizando um discurso internacionalista, buscando a libertação das classes trabalhadoras em todo o mundo. Revoluções influenciadas e incentivadas pelo crescente poder internacionalista da União Soviética despontaram no Oriente, e os Estados Unidos fizeram de sua missão levar guerra a esses lugares, dando assim início a sua geopolítica colonial. São exemplos as guerras do Vietnã, da Coreia e a Árabe-israelense.

Outros países passaram a ter imensa dificuldade de se posicionar geopoliticamente. Era medo de imperialistas norte-americanos ou insurgentes socialistas. Era medo de guerra nuclear. Então, o "novo" jeito de fazer guerra era proliferar guerras menores, com algum distanciamento, desestabilizando governos locais.

CAPÍTULO

O BRASIL E O COMUNISMO

o Brasil, a paranoia e a influência estadunidense derrubaram o nosso governo em 1964 — aqui na América do Sul isso era mais regra do que exceção, já que éramos uma zona de influência dos Estados Unidos. Aliás, esse é um bom momento para discutir se o Brasil já chegou perto de ser um país comunista. A resposta é fácil: **não**. Mas, por outro lado, excluir a existência dos comunistas em nossa história é um erro factual — especialmente antes da Guerra Fria.

O comunismo chegou ao Brasil, em sua maior parte, por meio de imigrantes anarquistas no começo do século XX, e da década de 1920 em diante, seus ideais permearam as conversas sobre a política brasileira. Em 1922, é formado o primeiro Partido Comunista do Brasil, o PCB, também apelidado de "Partidão", o primeiro partido de esquerda do Brasil — e que já em junho daquele ano foi declarado ilegal por Epitácio Pessoa, então presidente do Brasil. Inclusive, isso aconteceu diversas vezes ao longo de sua história, o que não quer dizer que seus membros tenham deixado de existir. Segundo informações oficiais do próprio PCB, em 1930 o partido tinha mais de mil membros ativos e era reconhecido pela organização Internacional Comunista.

O cenário político brasileiro nas primeiras décadas do século XX estava caótico e, no dia 5 de julho de 1922, um grupo de tenentes

Agora tudo é comunismo?

se rebelou. Este evento ficaria conhecido como Levante dos 18 do Forte de Copacabana. O estopim dessa revolta, situada no Rio de Janeiro, foi a prisão do ex-presidente Hermes da Fonseca, encomendada por Epitácio Pessoa, então presidente do Brasil. Ainda que a razão tenha sido essa (aliada à precariedade do trato com o Exército), o fato é que se tratava de uma insatisfação geral contra o analfabetismo e falta de representatividade política de muitas classes em um país que precisava se modernizar e se desenvolver com o máximo de rapidez possível.

Por ter sido promovido por jovens militares, chamamos hoje esse movimento de tenentismo. E o tenentismo juntou muitas frentes ideológicas diferentes — muitas das quais se tornariam antagônicas no futuro. De um jeito ou de outro, ninguém mais aguentava o sistema brasileiro, que desde a Proclamação da República sofria com golpes e ditaduras brutais. O sistema estava envenenado e funcionava como uma república de oligarcas — alternando entre lideranças de Minas Gerais e de São Paulo (a famosa política do café com leite).

O papel de Luís Carlos Prestes

A insatisfação com o cenário político brasileiro culminou em um novo evento: em 1924, ocorreu a chamada Revolta Paulista — alinhada com a revolta anterior. O objetivo, nesse caso, era derrubar o governo de Artur Bernardes e instituir coisas como o voto secreto e mudanças no ensino público brasileiro. Não se engane, tratava-se de uma guerra civil, com 23 dias de duração — uma de muitas que ocorreram em nossa história.

Contudo, a revolta foi reprimida, parte de suas lideranças foi presa ou morta, à exceção dos que fugiram ou se juntaram à Coluna Prestes, que foi um movimento rebelde tenentista responsável por fazer frente ao governo federal. A Coluna Prestes obteve muitas vitórias (seria apelidada, posteriormente, "Coluna Invicta") — marchou por cerca de 25 mil quilômetros se intercalando com tropas do governo. Em 1927, ela se dissolveu após desgaste por tanto tempo de conflito e pelo fim do governo de Artur Bernardes.

Luís Carlos Prestes, que dá nome ao movimento, saiu como liderança fundamental para os anos que se seguiram. Ele foi, inclusive, aliado e marido de Olga Benário citada anteriormente. Durante seu período de exílio, Prestes entra em contato com a teoria marxista — sob a influência de Astrojildo Pereira, secretário-geral do Partidão. Em 1931, Prestes vai a Moscou e só volta ao Brasil em 1934, enviado pela Internacional Comunista para ser o líder de uma revolução no país e, clandestinamente, junto a ninguém menos que a alemã Olga Benário.

O Brasil para o qual Prestes voltou era outro — havia começado a chamada Era Vargas. As revoltas não pararam com o exílio de Prestes e, em 1930, havia sido organizada uma revolta armada das oligarquias de Minas Gerais, Rio Grande do Sul e Paraíba — que queriam dar fim à hegemonia paulista. Após derrota nas eleições, fora articulado um golpe de Estado que derrubou Washington Luís e culminou na posse de Getúlio Vargas no dia 3 de novembro de 1930 como presidente provisório. Em apenas quatro anos, ele já

Agora tudo é comunismo?

havia mudado a constituição e se fortalecido como liderança mais poderosa do Brasil.

Foi em 1934 que se fundou Aliança Nacional Libertadora (a ANL), grupo comunista e antifascista que tinha Prestes como seu presidente de honra. A ANL se aliou com o PCB. No mesmo ano, ocorreu a Intentona Comunista, que foi basicamente um conjunto de revoltas por militares de esquerda em Natal, Recife e Rio de Janeiro.

O termo "intentona" é pejorativo e indica uma iniciativa fracassada. Essa, que de fato foi a mais expressiva articulação comunista de nossa história, não chegou nem perto de dar certo — ainda que tenha custado a vida de centenas de pessoas. Na época, o Presidente Getúlio Vargas reprimiu rapidamente a revolta, Luís Carlos Prestes foi preso por quase uma década e Olga

Benário foi deportada para a Alemanha Nazista — ela daria luz à filha que teve com Prestes em um campo de concentração.

Se existiu uma ameaça comunista no Brasil, ela foi destruída ali. Mas, a partir desse ponto, começaria o hábito de líderes brasileiros usarem o comunismo para trazer pânico moral e justificar violência de Estado. O pioneiro foi Getúlio Vargas — que usou dessas estratégias para legitimar seu próximo golpe de Estado, em 1937.

O Brasil entraria na década de 1940 sob a ditadura de Vargas e, até oficialmente declarar-se em favor dos Aliados na Segunda Guerra, agiu como se fosse um membro do Eixo. Diga-se de passagem, o nazismo e o fascismo foram radicalmente mais fortes na política nacional do que o comunismo pelo menos até o fim da Segunda Guerra Mundial.

Em 18 de abril de 1945, Getúlio Vargas concedeu anistia geral aos presos políticos — dentre eles Luís Carlos Prestes. No dia 29 de outubro daquele mesmo ano, o Estado Novo vê seu fim com a deposição de Vargas por uma articulação de seus próprios aliados. Agora haveria liberdade eleitoral novamente, e o PCB retornou à legalidade e novos partidos de outras frentes ideológicas se formaram. Contudo, essa liberdade duraria pouco tempo, sendo encerrada novamente em 1964, quando um novo golpe de Estado, justificado em especial por uma suposta ameaça comunista, levantou uma Ditadura Civil-Militar que duraria décadas.

A desculpa para o golpe militar

Os comunistas brasileiros tinham sido minimizados durante a Era Vargas até um ponto em que, mesmo durante o período democrático que se seguiu, pouco conseguiram se articular. Porém, a vitória de Jânio Quadros na corrida presidencial de 1960 deu início a um novo caos político. O seu governo durou apenas sete meses, terminando com a renúncia do presidente.

O Brasil enfrentava uma grande alta inflacionária, déficit da balança comercial e crescimento da dívida externa. A abordagem do governo para conter esse cenário foi um tanto impopular: restringiu o crédito, congelou os salários e incentivou as exportações como pôde, inclusive restabelecendo as relações diplomáticas com a URSS. Essa tentativa de aumentar o máximo possível o mercado consumidor externo por meio da diplomacia, entretanto, desagradou o governo norte-americano e prejudicou a imagem de Jânio com seu próprio partido, a União Democrática Nacional (UDN) — que era de uma linha conservadora (assim como Jânio).

Ou seja, Jânio estava sofrendo pressões por todos os lados e resolveu renunciar. Mas é importante ressaltar que, ainda que estivesse em um momento delicado de seu governo, é muito possível que a sua renúncia tenha sido mais uma performance do que uma vontade política. Acredita-se que ele pretendia causar alvoroço, comoção popular e forçar o Congresso a pedir seu retorno ao governo — algo que simplesmente não aconteceu. Tanto o Congresso quanto a população agiram com indiferença.

O grande incômodo, entretanto, era justamente o vice-presidente, João Goulart, também chamado de Jango, pertencente ao

Partido Trabalhista Brasileiro (PTB). Nessa época, as regras eleitorais estabeleciam chapas diferentes e independentes para a candidatura de vice-presidente — e isso trouxe a oposição para a frente do governo. No momento da renúncia, João Goulart estava em viagem diplomática na China e, por essa razão, quem assumiu o governo foi o presidente da Câmara dos Deputados, Ranieri Mazilli.

Com isso, instaura-se uma crise institucional em razão de grande resistência por parte dos militares em relação a Jango. Mas quem era João Goulart e por qual motivo ele causava tanto temor?

Jango era um gaúcho que entrou para a política por conta de Getúlio Vargas. Ele foi deputado federal, depois ministro do Trabalho, Indústria e Comércio no segundo governo de Vargas. Já na sua época de ministro, manteve-se alinhado aos anseios dos trabalhadores, como o aumento em 100% do salário-mínimo, que na época deixou empresários bem descontentes, levando à sua renúncia.

Ou seja, Jango era visto por muitos como simpatizante do comunismo, ainda que estivesse mais para um nacionalista de esquerda, que buscava desenvolvimento interno via aumento do Estado — um herdeiro político do trabalhismo de Getúlio Vargas. Isso só contribuía com a paranoia de que supostamente existia uma revolução em movimento.

Então, quando o parlamentarismo foi instituído em 2 de setembro de 1961, o país estava bastante dividido. Nessa época, o governador do Rio Grande do Sul e cunhado de Jango, Leonel Brizola, encabeçou uma campanha para que Jango assumisse a presidência — contando com o apoio do Comando Militar do Rio Grande do Sul, de líderes sindicais, de estudantes e de intelectuais.

A solução de meio de caminho foi o parlamentarismo, mas não durou muito e acabou com um plebiscito em janeiro de 1963, no qual o povo optou pelo presidencialismo, em detrimento do parlamentarismo, com 82% dos votos.

Jango, percebendo hostilidade de parte do Exército, nomeia militares de sua confiança para a chefia da casa, mas desde o início de seu mandato enfrenta severas dificuldades para aprovar projetos por não dispor de base política no Congresso Nacional. Ele abre mão da política de austeridade econômica em 1963 e, após já ter conseguido instaurar o 13º salário, aprova reajustes salariais para o funcionalismo público, aumentando seu apoio popular, que se fazia muito necessário naquele momento.

Além disso, buscou apoio político entre as classes populares e o movimento sindical. Por outro lado, tenta a sorte com alguns setores da direita, realizando reformas nos ministérios e oferecendo cargos a pessoas ligadas a empresários e investidores estrangeiros.

No ano de 1964, e apesar de seus esforços, a instabilidade chegou ao ápice. O descontentamento do empresariado nacional aumentou com a pressão dos movimentos sindicais para com o governo. O debate sobre como conduzir a economia brasileira estava bastante intensificado. Atos públicos e manifestações aconteciam em todas as partes do Brasil.

No dia 13 de março de 1964, em um comício para 350 mil pessoas na praça em frente à Central do Brasil, no Rio de Janeiro, Jango anuncia dois decretos: um com a finalidade de estatizar todas as refinarias particulares de petróleo e derivados do Brasil, e outro para propor uma reforma agrária que desapropriaria terras vizinhas a ferrovias, rodovias e açudes. Na mesma ocasião, Jango ainda propôs ao Congresso mudanças na lei para permitir a reeleição ao cargo de presidente.

Tais medidas acirraram a insatisfação de setores ricos da sociedade e do governo norte-americano, já que falar em reforma agrária acendia a sirene da ameaça comunista. No dia 19 de março de 1964, ocorreu a famosa Marcha da Família com Deus pela Liberdade, em oposição ao governo. No dia seguinte, o presidente dos Estados Unidos, Lyndon Johnson, preparou uma força naval para intervir na crise brasileira.

Vale ressaltar que, hoje em dia, sabemos da profundidade do envolvimento norte--americano na ditadura militar brasileira, em razão de diversas conversas gravadas e documentos liberados — e não se trata de uma influência repentina, visto que o presidente Kennedy foi gravado falando, ainda em 1962: "Do jeito que o Brasil vai, daqui a três meses o Exército pode vir a ser a única coisa que nos resta".

Então, em 26 de março de 1964, o cabo José Anselmo foi detido enquanto tentava organizar uma associação de classe que provocou uma rebelião de marinheiros contra a Marinha, além de um protesto público, também contra o Exército. Esse evento, que já havia desagradado a membros da cúpula militar por sua natureza, ainda aumentou a insatisfação dos mesmos com relação a Jango, que optou por não punir os rebeldes.

No dia 30 de março de 1964, diversas forças se articularam. Às 23h35, Lyndon Johnson recebe um aviso de iminência do golpe de Estado no Brasil. Em 31 de março, já existem jornais anunciando que o golpe ocorrerá em questão de horas.

Castelo Branco, que a essa altura tentava segurar a crise, articulava-se para impedir qualquer ação precipitada por parte do Exército — chegando a ligar para Mourão Filho para que não mobilizasse tropas para o Rio de Janeiro, mas já era tarde. Quando Jango entra em contato com o chefe do gabinete militar, preocupado com os desdobramentos

Agora tudo é comunismo?

que se seguirão, descobre que Mourão havia deslocado tropas.

Às 9h, o aeroporto de Brasília é fechado e interditam diversas ruas no Rio de Janeiro, ao mesmo tempo que o governo estadunidense começa a mandar embarcações para o Brasil. É divulgado nas diversas mídias que Mourão e Carlos Luiz Guedes foram exonerados de seus cargos e que "o Governo Federal manterá intangíveis a unidade nacional, a ordem constitucional e os princípios democráticos e cristãos em que ele se inspira, pois conta com a fidelidade das forças armadas e do povo brasileiro".

O golpe, entretanto, não aconteceu no dia 31 de março, mas no dia primeiro de abril de 1964. No dia seguinte, 2 de abril, já se formaliza a deposição de João Goulart diante do Congresso Nacional e quem assume é Ranieri

Mazzilli, que fora primeiro-ministro na transição de governo de 1963, quando ocupou o cargo por dez dias. No dia 11 de abril de 1964, com 361 votos favoráveis e 72 abstenções, o Congresso elege para presidência Humberto de Alencar Castelo Branco.

Começa aí a Ditadura Militar do Brasil — período de imensa perseguição de quaisquer grupos políticos que fossem contra o golpe ou ao autoritarismo do governo. Dessa época em diante, o governo usaria o fantasma do comunismo como importante ferramenta política. Perseguiria inúmeros comunistas e não comunistas, praticaria tortura e censura.

As principais ferramentas para isso foram os Atos Institucionais e a organização de grupos como Departamento de Ordem Política e Social (DOPS), Serviço Nacional de Informações (SNI), Centro de Inteligência do Exército (cie), Centro de Informações da Aeronáutica (Cisa), Centro de Informações da Marinha (Cenimar), Destacamento de Operações e Informações — Centro de Operações de Defesa Interna (doi-Codi), o Comando de Caça aos Comunistas (ccc) e órgãos paramilitares clandestinos como a Operação Bandeirante (Oban).

O trabalho dessas diversas organizações consistia em manter o governo estável por meio da eliminação física das pessoas e dos grupos de pessoas que pudessem representar qualquer oposição real ao governo golpista, usando a justificativa de que estavam lutando contra células terroristas e comunistas, palavras que na época tornaram-se sinônimas.

O exemplo mais enigmático dessa luta durante os anos de chumbo do regime militar foi o sequestro do embaixador norte-americano Charles Burke Elbrick por parte do Dissidência Guanabara (DI-GB) ou MR-8 (Movimento Revolucionário 8 de outubro) com auxílio da Ação Libertadora Nacional (ALN) de Carlos Marighella, que já executava ações políticas de resistência como assaltos a bancos, fabricação de bombas e roubo de armas.

O propósito do sequestro do embaixador seria a libertação de membros das organizações que haviam sido injustamente presos — em especial um dos integrantes do grupo, Vladimir Palmeira.

O sequestro aconteceu entre às 14h30 e às 15h do dia 4 de setembro de 1969, quando o embaixador foi surpreendido em seu veículo. Entre as exigências dos sequestradores, estavam a libertação de quinze prisioneiros políticos e a veiculação do texto, na íntegra, para os principais jornais, rádios e emissoras de televisão do Brasil.

O processo todo durou cerca de três dias e os doze sequestradores trocaram o embaixador por quinze presos políticos. O governo brasileiro aceitou as exigências dos sequestradores por pressão do governo norte-americano, mas, após a resolução, criou uma pena de banimento que tornou apátridas os participantes do evento, assim como instaurou a pena de morte e a prisão perpétua.

Esse episódio exemplifica o clima de tensão frequente da época e demonstra a importância do papel desempenhado pela mídia — mas também serve para demonstrar a importância histórica de grupos comunistas na luta contra injustiças e autoritarismos no Brasil. Aliás, isso explica a razão pela qual a transição para a democracia, que marcaria o final do período militar na década de 1980, seria organizada pelo próprio governo, após perder muito de sua popularidade durante crises econômicas graves.

Em 1988, quando a nova Constituição foi proposta, não foi um processo revolucionário, nem sequer um golpe — tratou-se de uma transição cômoda que em grande medida conservou a base dos arranjos do poder no país, a postura de um governo que afrouxou coincidentemente com o fim da Guerra Fria — sem, é óbvio, nossa bandeira ter o menor risco de ficar vermelha.

Países socialistas

Agora, se o Brasil não chegou nem perto de ser um país socialista, vamos voltar nossos olhos para os países que de fato são ou foram socialistas. Os principais países socialistas da História foram os da URSS, Bulgária, Tchecoslováquia, Alemanha (Oriental), Hungria, Polônia, Romênia, Albânia, Cuba, Mongólia, Coreia Popular (ou do Norte), Vietnã, China, Laos, Afeganistão, Iêmen, Angola, Moçambique, Líbia e Etiópia.

Atualmente, entretanto, restam como autodeclarados países socialistas apenas a China, Coreia Popular, Cuba, Vietnã e Laos. Isso ocorre porque os esforços imperialistas norte-americanos começaram a render frutos durante a década de 1980 — até o final da década veríamos a Guerra Fria chegando ao fim. Um momento bastante histórico desse final de conflito foi a queda do muro de Berlim em 1989, seguido pelo processo de derretimento do bloco soviético em meados de 1991.

Um ponto que merece destaque é que nossa vizinha Venezuela não entrou na lista dos países socialistas. Isso se deve ao fato de, embora o Chavismo e o governo de Maduro tenham características típicas do socialismo (como o petróleo nacionalizado) e sejam de esquerda, não há pretensões de se chegar ao comunismo e tampouco foi um país cuja liderança tenha sido construída a partir de uma revolução. Embora seja fácil afirmar que a Venezuela não é socialista, descrever qual o sistema do país é uma tarefa mais desafiadora: a grande maioria das pessoas a considera simplesmente uma ditadura, uma autocracia ou um governo populista de esquerda.

Definir o estatuto político-ideológico da atual Venezuela vai muito além dos objetivos deste livro — ainda que seja um perfeito

Agora tudo é comunismo?

exemplo de como o temor ao comunismo não deixou de existir e de como as "ideias vermelhas" mudaram, além de mostrar a profundidade das heranças que deixaram no mundo. Vale destacar que Hugo Chávez passou a governar em 1999, uma década após a queda do muro de Berlim.

China, Coreia Popular, Cuba, Vietnã e Laos ainda são países autodeclarados socialistas, e não dão indicações de que vão mudar de governo em um futuro próximo. A polarização perdeu o sentido depois da queda da URSS? Encerrou-se a propaganda? A paranoia acabou? O capitalismo venceu?

4

O CAPITALISMO VENCEU?

O capitalismo realmente venceu? Esta pergunta tem algumas implicações. A primeira é que, para que falemos em vitória do capitalismo, está implícita a ideia de um debate verdadeiramente justo onde o capitalismo tenha sido escolhido como melhor.

Se isso fosse verdade, não existiria razão alguma para a preocupação alarmista que vemos diante da ideia de comunismo. A realidade, no entanto, é que os exércitos e as economias globais de determinados países obtiveram uma vitória que, como qualquer acontecimento histórico, é temporária e sujeita a mudanças.

O questionamento traz consigo também a implicação de que o capitalismo, caso tenha saído vitorioso, tornar-se-á a forma final de organização social. Hoje, no entanto, sabemos que a doutrina do desenvolvimento nos empurra para o abismo das crises humanitárias e ambientais.

Ou seja, por um lado essa pergunta só pode existir em um contexto político em que o capitalismo, como sistema, pareça ter se tornado hegemônico e que a disputa que levou a essa hegemonia tenha sido apenas o resultado de um grande debate filosófico, no qual os argumentos capitalistas se mostraram melhores. Por outro lado, a realidade não opera na mesma lógica que, digamos, um debate de redes sociais. Longe disso, visto que as relações econômicas, sociais e geopolíticas são muito variadas e

Agora tudo é comunismo?

complexas — não existe de fato um argumento final nem uma data de início ou término de conjuntos de ideias.

O capitalismo mudou muito ao longo do tempo, assim como todas as ideologias e filosofias que o analisam, defendem ou criticam. Também se comporta de forma distinta em lugares diferentes. Existem diferentes capitalismos — e mesmo que o modo de vida capitalista seja, em geral, predominante no mundo, existem ainda aqueles povos e lugares que mostram a plena possibilidade de se viver a partir de outras relações entre humanos e outros seres.

Podemos então pensar no outro lado da questão: o socialismo perdeu? Vejamos, o socialismo da URSS acabou ao final de 1991, mas o socialismo chinês, por exemplo, parece ter se adaptado ao contexto global

— especialmente em termos de relação com o mercado. Se o socialismo tivesse de fato acabado, a China não seria uma preocupação do bloco Ocidental, assim como Coreia do Norte e Cuba já teriam desaparecido.

Dizer que o capitalismo venceu, enfim, seria oferecer uma visão simplista e propagandista do modelo de produção em que vivemos — assim como reduzir toda e qualquer crítica ou oposição a ecos de um socialismo já extinto. Mas o socialismo não está extinto e tampouco se trata de única alternativa ideológica.

Acreditar que o futuro não reserva nenhuma mudança ou que finalmente desvendamos o final da História parece um tanto quanto oportunista, afinal, da mesma forma que as monarquias no passado legitimaram seu poder mediante a uma suposta ordem natural, tratar uma organização social como natural só pode servir para mantê-la sem questionamento.

Tal perspectiva um tanto quanto fatalista é exemplificada por um texto publicado em 1990 chamado *Fim da história e o último homem*, no qual o autor Francis Fukuyama propõe que o liberalismo é o último patamar da evolução econômica da sociedade — que ele traria oportunidade e democracia para os países conforme fossem se desenvolvendo dentro do próprio sistema —, uma espécie de releitura liberal do objetivo final do comunismo, algo que um cético apontaria como utopia dentro da lógica voltada ao indivíduo e mediada pelo livre mercado.

A ideia de que o liberalismo capitalista seria o último estágio de desenvolvimento das grandes sociedades humanas ignora, em primeiro lugar, o fato de que a História possui suas contingências e aleatoriedades, assim como o fato de que ela não se movimenta de acordo com uma linha de evolução, tal como gostariam os pensadores evolucionistas.

Além disso, ignora também o fato de que o capitalismo, enquanto forma de organizar o mundo humano e as relações que acontecem dentro dele, está preocupado antes com o lucro e com a geração de riqueza do que com os ideais de igualdade e democracia.

Tentar prever de tal forma o desenvolvimento da História é futurologia e não contribui tanto com o objetivo de entender o que é comunismo, como ele está posicionado em nossa atual realidade e se a nossa sociedade está caminhando, dentro

A posição da China

Para entender o contexto atual em que o comunismo está inserido, é necessário se aprofundar no país que se tornou uma espécie de bastião do socialismo contemporâneo: a China, país de proporção continental que comporta aproximadamente 1,5 bilhão de habitantes e que compete com os Estados Unidos como superpotência global.

As discussões a respeito dessa nação, considerada a mais polêmica do mundo, devem ser feitas com cuidado e honestidade porque, se por um lado é um colosso econômico, por outro, sua trajetória foi banhada

QoT

a sangue, perseguições e violências promovidas pelo Estado mesmo antes da ascensão de Mao Tsé-Tung.

Falar de China com responsabilidade é um processo consideravelmente mais difícil do que parece, pois, se no passado a máquina de propaganda do Ocidente encrencou com a Rússia como monstro, agora essa é a postura contra os chineses — embora as relações econômicas entre a China e o mundo sejam muito mais complexas e estruturais. É o país mais povoado do planeta, uma nação perene e de cultura pujante. Uma potência em todos os sentidos durante a maior parte da História.

O desafio aqui, entretanto, não é apontar o que é bom ou ruim no governo chinês, embora sejam contornos inevitáveis de qualquer análise, e sim contextualizar como essa

Agora tudo é comunismo?

nação de mais de 2 mil anos, pouco após seu momento de maior crise econômica, social e política, ascendeu ao status de superpotência global — e o quanto ela realmente difere do atual arranjo socioeconômico das democracias ocidentais em termos de prioridades e estratégias de governo.

Atualmente, a República Popular da China é um país asiático que tem seu território espalhado por 9.596.961 km^2, a depender da validação de certos territórios reivindicados pelo governo do país. Nesse território, segundo levantamentos mais recentes, existem aproximadamente 1.419.257.177 habitantes de diversas etnias (que são por volta de 56).

O território é extremamente extenso, de tal forma que faz fronteira com um grande número de países, como: Coreia do Norte,

Rússia, Paquistão, Índia, Butão, Mongólia, Vietnã, Laos, Mianmar, Nepal, Afeganistão, Tajiquistão, Quirguistão e Cazaquistão.

Sua civilização surgiu nas proximidades do rio Amarelo (Huang He), que fica na região centro-leste, perto da cidade de Lanzhou. É difícil saber como ou quando o *Homo erectus* chegou lá, mas os registros arqueológicos indicam algo em torno de 460 mil anos atrás. Os documentos mais antigos desse povo datam de aproximadamente 4 mil anos — isso faz da China uma das mais antigas civilizações do mundo e também uma das mais relevantes em termos de desenvolvimento.

Seria impossível resumir de fato a história desse povo sem deixar de fora os eventos históricos de alta relevância. O período imperial por si só tem perto de 2 mil anos. O que

Agora tudo é comunismo?

podemos dizer é que muito do que é fortemente associado à China vem de suas próprias tradições.

A capacidade de mobilizar muita mão de obra e produzir façanhas tal como uma muralha de mais de 21 mil quilômetros, pacientemente construída ao longo de milênios de China Imperial, é prova de uma consistência um tanto rara. O Império Chinês, entretanto, ao final de dois milênios (que cruzam da Antiguidade para a Idade Moderna) viveu uma dolorosa crise gerada, principalmente, pelas Guerras do Ópio contra o Império Inglês.

Os ingleses do período vitoriano (entre 1837 e 1901) estavam em processo de consolidação do modelo industrial (a chamada Segunda Revolução Industrial), na qual, basicamente, começaram a dominar o mundo tanto por meio de conquistas quanto economicamente, a partir de seu novíssimo sistema de trocas no comércio internacional para sustentar sua poderosa indústria têxtil e fábricas. Ou seja, a Inglaterra estava competitiva e aberta a negócios — onde quer que fosse.

O então Império Chinês, sob a dinastia Qing, perdia prestígio e não estava exatamente acompanhando os processos da Revolução Industrial. Mas lá havia algo pelo qual todo bom capitalista poderia se interessar: matéria-prima. Tratava-se de chá, seda, porcelana e muitos outros objetos de suma importância que não eram abundantes no Reino Unido, mas que os chineses tinham, literalmente, para dar e vender. No caso, com ênfase no vender, já que a China se recusava a comprar praticamente qualquer

Agora tudo é comunismo?

produto importado — algo que irritava os ingleses que, com o passar dos anos, foram criando uma balança comercial deficitária em relação aos chineses.

A Inglaterra, entretanto, tinha domínio do território da Índia — e lá havia um produto que era consumido na China, a contragosto de seus governantes: a papoula e o ópio produzido a partir dela. Foi a fórmula do sucesso. Começaram a trazer toneladas dessa droga altamente viciante para dentro do país, que logo trouxe problemas internos de saúde pública. Em 1839, as lideranças da dinastia Qing iniciam um processo de restrição, fiscalização e proibição da substância — não é preciso frisar que isso desagradou e muito aos traficantes de ópio, ou seja, os ingleses.

Recorrendo a um estranho pretexto — um grupo de marinheiros ingleses executou um importante súdito chinês em Cantão —, o governo da China destruiu depósitos da droga na região. Era uma armadilha do Império Inglês, nada menos do que a maior potência do mundo à época, que só queria uma desculpa para atacar e controlar o comércio local da forma mais lucrativa possível. O resultado foi que, em três anos, desmontaram as defesas da China e propuseram o Tratado de Nanquim.

O Tratado de Nanquim basicamente obrigava a China a reabrir importantes cidades portuárias para o comércio inglês, além de anexar a ilha de Hong Kong para os súditos da rainha Vitória. Essa foi apenas a primeira guerra do ópio, a próxima ainda envolveria os norte-americanos e os franceses, que junto aos ingleses terminaram o estrago no país e levantaram o Tratado de Tianjin, que ampliou a força oriental do Império Britânico, recebendo a autorização de navegação no maior rio da Ásia, o rio Yangtzé, além de um aumento no alcance da área de Hong Kong.

A Guerra do Ópio foi um conflito de caráter comercial, no qual não apenas inúmeras vidas foram perdidas, mas que terminou de desestabilizar o antigo Império Chinês.

O país estava vulnerável, o que deu uma oportunidade ao Império Japonês, que passou a pressionar a integração da Coreia para sua zona de influência — era uma questão de tempo para explodir uma guerra entre essas nações vizinhas. Uma guerra que, uma vez iniciada, não demoraria para que o Japão a vencesse. A guerra acabou em 1895, com a assinatura do Tratado de Shimonoseki, que dava independência para a Coreia, obrigava a China a indenizar o Japão pelos danos da guerra, permitiria aos japoneses adentrar o território chinês e passava ao Japão a administração da ilha de Taiwan. Ao final de década de 1910, cai o governo imperial após a abdicação forçada do imperador Puyi, decorrente de uma revolução.

O período republicano da China durou, aproximadamente, de 1911 a 1949. Foram anos duríssimos e de muita violência, nos quais a população sofreu com agressões (em especial vindas dos japoneses), além de enfrentar uma guerra civil e eventual revolução. Como durante a Segunda Guerra Mundial a China ficou ao lado dos Aliados, em 1945, ao final da guerra, a República foi conservada — mas carregada da disputa ideológica que dividiria o mundo logo em seguida.

A China socialista

Em 1911 foi proclamada a República da China, e dez anos depois foi fundado o Partido Comunista Chinês. Em 1927, líderes nacionalistas (Kuomintang) passaram a perseguir brutalmente o comunismo, movimento truculento que resultou em milhares de mortes — nesse contexto, surge Mao Tsé-Tung, outra figura altamente controversa, dentre as muitas que trouxemos neste livro.

Naquele ano, ele que já era um líder proeminente no partido, foge com outros comunistas para a província de Jiangxi. No meio das montanhas, organizou-se uma guerrilha impressionante do ponto de vista militar, que fazia frente às tropas do governo. Com o crescimento da guerrilha, em 1934, um ataque do governo escalou em uma espécie de guerra civil, na qual os comunistas conseguem furar a barreira do exército e iniciam aquela que é considerada a maior marcha militar da História — a Grande Marcha, liderada por Mao Tsé-Tung.

Esses conflitos civis deram uma pausa entre os anos da Segunda Guerra, em razão da opressão japonesa, mas essa trégua duraria somente até 1946. Logo começou uma guerra civil sanguinária entre o Partido Comunista e o Kuomintang, que viria a se encerrar em 1949, com a vitória dos socialistas.

É fundada ali a República Popular da China, no dia 1º de outubro em um discurso de Mao Tsé-Tung na Praça da Paz Celestial, em Pequim, enquanto as cabeças do partido nacionalista, junto às tropas e ao líder Chiang Kai-shek, partiam para a ilha de Taiwan. Basicamente, o governo Chinês que havia sido deposto, contando com ajuda do bloco capitalista, virou o governo de Taiwan — que passou a ser um território disputado pelo novo governo da China.

Aliás, vale destacar como funcionaram as relações externas da China, tema crucial e bem menos controverso, a princípio. Na primeira fase da implementação do socialismo, o governo de Mao Tsé-Tung começou a retomar territórios que considerava chineses, em sua maioria perdidos ao longo dos últimos anos, como o Cantão, apenas duas semanas após a revolução. O Tibete, por exemplo, que era autônomo desde 1913, foi reintegrado em 1950, assim como outras regiões. Nesse mesmo ano, entretanto, Mao se aproximou da União Soviética e acabou se envolvendo com a Guerra da Coreia, que culminou em muitas baixas chinesas e dívidas militares.

Ao se posicionar diante das Nações Unidas, Taiwan era vista com mais simpatia pelos governos da união. Eles se referiam a Taiwan como "Free China" (China Livre, em tradução livre) e tratavam dela como a China legítima, em uma mensagem nítida que invalidava o comando comunista da China continental. Inclusive, foi especialmente com a ajuda dos norte-americanos que Kai-shek conseguiu se manter forte (e governou Taiwan até 1975), assinando um tratado de defesa mútua, após um bombardeio no estreito que separa a ilha do continente, em 1954.

Contudo, essa postura, por diversos fatores, durou apenas até meados da década de 1970, em primeiro lugar, costumamos ter uma vaga ideia de que o Partido Comunista chinês é uma instituição completamente centralizada, mas, na verdade, trata-se de um sistema complexo de governo, com dinâmicas que variam ao longo da História, o que inclui golpes internos e disputas de liderança. O país é imenso e a infraestrutura governamental nunca foi pequena. No campo internacional, sempre foi uma nação autônoma — durante a Guerra Fria, por exemplo, agiu de modo independente da URSS.

A transformação ocorrida nos anos 1970 também ocorreu em razão de uma grande mudança na visão da comunidade internacional em relação à China. Na década de 1950, após um século de guerras e instabilidade, a China era um país em crise e com pouco protagonismo internacional, além de ser mais um daqueles países cuja visão de modernidade se opunha em muitos aspectos ao capitalismo. Por isso, essa postura antagônica fazia mais sentido, mas o cenário mudou.

Em duas décadas, a China já se mostrava forte e promissora do ponto de vista de desenvolvimento econômico e tecnológico, além de ser um mercado gigantesco. Não fazia sentido isolar esse país em razão de um discurso ideológico, mesmo com a ditadura violenta de Mao Tsé-Tung, visto que a chamada "Free China" também era profundamente autoritária, com a diferença de ser pró-Ocidente.

A Revolução Cultural Chinesa, movimento que teve Mao Tsé-Tung como líder e rosto, e que perdurou de 1966 a 1976, foi o primeiro de dois grandes movimentos chineses da segunda metade do xx que construiriam a China tal como a conhecemos hoje. Nesse período, o Partido Comunista chinês buscou aprofundar sua estabilidade e garantir que ideais ditos capitalistas e individualistas — liberais, em suma — pudessem voltar a ter espaço no debate político do país.

Para esse fim, o partido pôs em prática métodos que variaram desde a estatização em massa da economia até a recuperação de ideias, filosofias e visões de mundo tradicionais da China e de suas bases taoístas, e sem dúvidas até a violência.

Esse período é visto, inclusive, pelo comando do partido e população chinesa em geral, como um desvio de rota amplamente criticado e que, em 1976, culminou em um golpe que tiraria Mao Tsé-Tung do poder e daria fim a toda uma era de violência e abusos promovidos por sua liderança, mas também a uma era de construção e solidificação de uma nação capaz de sustentar sua visão de mundo.

Quem assume o poder é Deng Xiaoping, que logo começa um esforço para remediar os erros cometidos nesse período. A mudança de postura do governo, aliado ao crescimento econômico e postura diante do bloco soviético (em especial na gestão Xiaoping) catapultaram a China para o centro do debate internacional, mesmo que a contragosto dos países capitalistas, que passaram a ser forçados a se posicionar, visto que a nova potência passou a fazer pressão diplomática e comercial com países e empresas que reconhecem Taiwan como Estado.

Inclusive, da década de 1970 em diante, mesmo os Estados Unidos adotaram uma postura chamada "strategic ambiguity" (ambiguidade estratégica, em tradução livre), sob a qual não se posicionam de modo objetivo a respeito do tema, para poder gozar de parcerias lucrativas com ambos.

Essa postura estratégica da China foi bastante favorável para seu desenvolvimento. Em 1989, quando o muro de Berlim caiu e "o capitalismo venceu", o Partido Comunista chinês já estava consolidado e seus assuntos mais bem resolvidos, tanto do ponto de vista de organização e desenvolvimento tecnológico quanto em termos de controle do regime.

O Produto Interno Bruto (PIB) do país era, em 1978, correspondente a 150 bilhões de dólares — sendo que em 2018 bateu mais de 12 trilhões, além de ter reduzido drasticamente a proporção de pessoas pobres no país —, cerca de 740 milhões de pessoas saíram da pobreza.

Apesar das valiosas e importantes críticas feitas à violência que permeia a história da China, não devemos nos esquecer de que todo Estado nacional pode ser, e muitas vezes é, potencialmente violento para esta ou aquela parcela da população. Além disso, nas últimas duas décadas, a China tem feito muito para fortalecer o debate nacional e internacional ao redor dos direitos humanos, das questões climáticas (o que não deixa de ser contraditório) e acerca da soberania de outras nações.

Que a pessoa ocidental média tema o regime chinês e ache que é real a possibilidade de o Brasil tomar o mesmo rumo em uma realidade minimamente próxima só pode ser explicado por algum misto de desconhecimento sincero e de propaganda capitalista. Os países que ainda sonham com a utopia capitalista temem a ascensão da China, mas não pelo caráter autoritário de seu governo, e sim pelos desafios que se impõem em termos de produtividade, visto que não são todos os países de regimes autoritários que parecem preocupar as potências ocidentais. E, se as preocupa, é também pela dependência que desenvolveram da chamada "fábrica do mundo". No Brasil, é o maior parceiro comercial em termos de exportação de produtos do agronegócio, por exemplo.

Se o regime chinês será bom ou ruim em uma escala humana global é um questionamento que diz respeito a outro debate e não parece interessar tanto aos países que fazem comércio com a China — o que não significa que seja uma questão sem importância, muito pelo contrário.

Se por um lado não podemos legitimar determinadas atitudes que ferem os mesmos direitos que tentamos conservar em nosso país, por outra perspectiva vale a pena observar com cuidado os avanços existentes em questões vinculadas a desenvolvimento social e condições de vida desse país, ainda mais considerando que a pobreza e a desigualdade tal como existem hoje são problemas essencialmente nascidos desse processo de globalização do modo de vida capitalista.

O que deve nos interessar é menos uma luta entre sistemas econômicos ou ideologias, e mais o bem-estar dos diferentes povos do planeta e das diferentes formas de vida e ecossistemas que nos mantêm vivos, ameaçados como nunca pelo avanço da modernização.

E como fica o nosso futuro?

Hoje ninguém está plenamente satisfeito com a forma com que as coisas estão sendo conduzidas, e isso inclui tanto conservadores quanto comunistas, além dos desinteressados e dos que são oportunistas. O mundo já presenciou uma quantidade incontável de sociedades organizadas de formas completamente distintas, todas elas com suas contradições. Nenhuma venceu, nenhuma deu certo, porque não é disso que se trata a questão primordial.

A verdadeira questão daqui para frente — e nisso o estudo de sociedades antigas e atuais nos é muito bem-vindo — é encontrar maneiras de viver melhor entre nós, humanos, e com o restante do mundo. As possibilidades são muitas, mas, sem um pensamento historicamente orientado, nossas ideias facilmente perdem o rumo. Este livro pode ser visto como uma tentativa nesse sentido.

Problemas ambientais, questões vinculadas a direitos humanos, distribuição de renda e justiça social são preocupações coletivas e impactam a todos que se importam com os outros. Como esses problemas existem, seguir exatamente o mesmo comportamento não resolverá nenhum deles e tampouco impedirá que piorem; um bom exemplo disso é a questão das chamadas crises climáticas, cujo enfrentamento exige de nosso modo de viver no mundo mudanças radicais.

Se agora retomarmos aquela discussão do começo do livro sobre a visão de mundo supostamente utópica que, segundo certas figuras políticas, estaria associada ao comunismo, veremos que essa ideia está duplamente errada: em primeiro lugar, ela se engana ao rebaixar a imaginação de outros modos de vida a um pensamento meramente "utópico"; em segundo, erra moralmente ao tentar demonizar a própria imaginação e vontade de mudança, e não é preciso que sejamos comunistas para sonhar com outro mundo possível nem para trabalhar em nome disso.

Bibliografia

A Nova China. *Fundamentos*. São Paulo, Ano II, n. 12, fev. 1950.

ALMOND, Mark. *O Livro de Ouro das Revoluções*. São Paulo: Ediouro, 2006.

ARRUDA, José Jobson de A.; PILETTI, Nelson. *Toda a História: mundo contemporâneo*. São Paulo: Ática, 1999.

BANDEIRA, Luiz Alberto Moniz. *O governo João Goulart: as lutas sociais no Brasil (1961-1964)*. 2ªed. Rio de Janeiro: Civilização Brasileira, 1977. p. 188.

BANDEIRA, Luiz Alberto Moniz. *Presença dos Estados Unidos no Brasil*. Rio de Janeiro: Civilização Brasileira, 2007.

BEEVOR, Anthony. *A Segunda Guerra Mundial*. Rio de Janeiro: Record, 2012.

BRUIT, Hector Hernan. *O Imperialismo*. Coleção discutindo a História. São Paulo: Moderna, 2013.

CARDOSO, Fernando Henrique. *O Modelo Político Brasileiro*. 2ª ed. São Paulo: Difusão Europeia do Livro, 1973.

CARR, E. H. A *Revolução Russa de Lenin a Stalin (1917-1929)*.

Rio de Janeiro: Zahar, 1981.

CARVALHO, Débora Cristina de; FARAONI, Alexandre. *Ser protagonista: sociologia*. São Paulo: Saraiva, 2017.

CHANG, Jung. *Mao: A história desconhecida*. São Paulo: Companhia das Letras, 2006.

CHIAVENATO, Júlio José. *O Golpe de 64 e a Ditadura Militar*. São Paulo: Moderna, 1994.

CHURCHILL, Winston. *Memórias da Segunda Guerra Mundial*. São Paulo: Nova Fronteira, 2018.

CHURCHILL, Winston. *This was their finest hour*. London: Cassell & Co, 2000.

COUTINHO, João Pereira. *As Ideias Conservadoras*. São Paulo: Leya, 2012.

ENGELS, Friederich. *Princípios Básicos do Comunismo*. São Paulo: Global, 1985.

ENGELS, Friederich. *Princípios Básicos do Comunismo*. São Paulo: Boitempo Editorial, 2012.

ENGELS, Friederich. *Do Socialismo Utópico ao Socialismo Científico*. São Paulo: Expressão Popular, 2010.

ENGELS, Friederich; MARX, Karl. *A Ideologia Alemã*. São Paulo: Boitempo, 2007.

ENGELS, Friederich; MARX, Karl. *Manifesto do Partido Comunista*. São Paulo: Boitempo, 2010.

FAUSTO, Boris. *História do Brasil*. São Paulo: EDUSP, 2006.

FERNANDES, Florestan. *O que é Revolução?* São Paulo: Brasiliense, 1981.

FIGES, Orlando. *A Tragédia de um Povo*. Rio de Janeiro: Record, 1998.

FUKUYAMA, Francis. *O Fim da História e o Último Homem*. Rio de Janeiro: Rocco, 1992.

FUKUYAMA, Francis. *The End of History*. The National Interest, v. 16, p. 3-18, 1989.

GASPARI, Elio. *A Ditadura Envergonhada*. São Paulo: Companhia das Letras, 2002.

GIORDANI, Mario Curtis. *História do Século xx*. Rio de Janeiro: Record, 2001.

GUTERMAN, Marcos. *Nazistas entre Nós*. São Paulo: Contexto, 2019.

HOBSBAWM, Eric. *Da Revolução Industrial Inglesa ao Imperialismo*. Rio de Janeiro: Forense Universitária, 1971.

HOBSBAWM, Eric. *Era das Revoluções*. São Paulo: Paz e Terra, 2010.

HOBSBAWM, Eric. *Era dos Extremos: o breve século xx*. São Paulo: Companhia das Letras, 1995.

KILZER, Louis C. *A Farsa de Churchill*. Rio de Janeiro: Revan,1996.

LÊNIN, Vladímir. *As Três Fontes e as Três Partes Constitutivas do Marxismo*. São Paulo: Expressão Popular, 2017.

LÊNIN, Vladímir. *O Estado e a Revolução*. São Paulo: Boitempo, 2017.

LÊNIN, Vladímir. *O Estado e a Revolução*. São Paulo: Hucitec, 1979.

LÊNIN, Vladímir. *O que fazer?* São Paulo: Boitempo, 2011.

LÊNIN, Vladímir. *O Imperialismo, fase superior do Capitalismo*. Rio de Janeiro: Global, 1985.

MARX, Karl. *Salário, Preço e Lucro*. São Paulo: Boitempo, 2013.

MIR, Luís. *A Revolução Impossível:* A esquerda e a luta armada no Brasil. São Paulo: Companhia das Letras, 2012.

QUADROS, Jânio. Nova Política Externa do Brasil. **Revista Brasileira de Política Internacional**, Rio de Janeiro, ano 4, n.16, p.150-156.

ROBERTS, J.A.G. *História da China*. São Paulo: Editora UNESP, 1998.

SEBAG, Simon. *A Corte do Czar Vermelho*. São Paulo: Companhia das Letras, 2005.

SERVICE, Robert. *Stalin:* A Biography. Cambridge: Belknap Press of Harvard University Press, 2004.

SILVA, Golbery do Couto e. *Planejamento Estratégico*. 2ª ed. Brasília: Universidade de Brasília, 1981.

SILVA, Hélio. *Vargas: uma biografia política*. Porto Alegre: L&PM, 1980.

SPINDEL, Arnaldo. *O que é Socialismo?* São Paulo: Brasiliense, 1991.

TROTSKY, Leon. *A História da Revolução Russa*. São Paulo: Sundermann, 2017.

Indicações extras:

História Pública. Comunismo: princípios básicos e guia de leitura. YouTube, 2022. Disponível em: https://www.youtube.com/watch?v=cg5winGpx80. Acesso em: 9 de out. 2023.

Chavoso da USP. Comunismo, socialismo e capitalismo. YouTube, 2021. Disponível em: https://www.youtube.com/watch?v=S5r-UmHZX8I. Acesso em: 3 de jun. 2023.

TED-Ed. A história contra Vladimir Lenin – Alex Gendler. YouTube, 2014. Disponível em: https://www.youtube.com/watch?v=9N8hsXQapjY. Acesso em: 3 de jun. 2023.

reVisão. Ditadura militar no Brasil: do golpe à redemocratização. YouTube, 2022. Disponível em: https://www.youtube.com/watch?v=hVFVh_HzOC0&t=. Acesso em: 3 de jun. 2023.

reVisão. 2ª Guerra Mundial – O conflito que transformou o mundo. YouTube, 2022. Disponível em: https://www.youtube.com/watch?v=-6MMXdHXcgI. Acesso em: 3 de jun. 2023.

Valmir Barbosa Minhas Músicas. IDEOLOGIA Aula de Marilena Chaui YouTube, 2022. Disponível em: https://

www.youtube.com/watch?v=57-I9pA9ILM. Acesso em: 3 de jun. 2023.

Notas do prefácio

1   Dos livros de Domenico Losurdo, destacamos *Colonialismo e luta anticolonial: desafios da revolução no século XXI* (Boitempo, 2020); *A questão comunista: história e futuro de uma ideia* (Boitempo, 2022); *A luta de classes: uma história política e filosófica* (Boitempo, 2015); *O marxismo ocidental: como nasceu, como morreu, como pode renascer* (Boitempo, 2018).

2   De Michael Parenti, destacamos *Os camisas negras e a esquerda radical: fascismo racional e a derrubada do comunismo* (Autonomia Literária, 2022).

3   Dos livros de Wendy Goldman, destacamos *Terror e democracia nos tempos de Stálin: a dinâmica social da repressão* (Lavrapalavra, 2021); e *Mulher, estado e revolução: política da família soviética e da vida social entre 1917 e 1936* (Boitempo, 2014).

4   De Roger Keeran e Thomas Kenny, indicamos *Socialismo traído: por trás do colapso da União Soviética* (Lavrapalavra, 2022).

5   Sobre as novas publicações da obra de V. I. Lênin nos últimos anos, conferir a Coleção Lênin da Editora Lavrapalavra.

6   Sobre o tema, conferir livro organizado por Jones Manoel e Gabriel Landi Fazzio, *Revolução Africana: uma antologia do pensamento marxista* (Autonomia Literária, 2019).

7   Sobre o tema, conferir livro organizado por Jones Manoel e Gabriel Landi Fazzio, *Raça, classe e revolução — a luta pelo poder popular nos Estados Unidos* (Autonomia Literária, 2020).

Conheça os demais livros da Coleção QoT.

Primeira edição (novembro/2023)
Papel de miolo Lux cream 70g
Tipografias Henderson slab e Mrs Eaves XL Serif
Gráfica Santa Marta